幼学琼林

YOUXUE QIONGLIN

〔明〕程登吉 ◎ 编著

光明日报出版社

图书在版编目（CIP）数据

幼学琼林 /（明）程登吉编著 . –– 北京：光明日报出版社 , 2014.6（2024.3 重印）

（光明岛）

ISBN 978–7–5112–6334–6

Ⅰ . ①幼… Ⅱ . ①程… Ⅲ . ①古汉语－启蒙读物 Ⅳ . ① H194.1

中国版本图书馆 CIP 数据核字（2014）第 069476 号

幼学琼林

YOUXUE QIONGLIN

编　　著：〔明〕程登吉

责任编辑：李月娥　　　　　　　　责任校对：王腾达
封面设计：博文斯创　　　　　　　责任印制：曹　净

出版发行：光明日报出版社
地　　址：北京市西城区永安路 106 号，100050
电　　话：010–67022197（咨询），67078870（发行），67019571（邮购）
传　　真：010–67078227，67078255
网　　址：http://book.gmw.cn
E – mail：lijuan@gmw.cn
法律顾问：北京德恒律师事务所龚柳方律师

印　　刷：北京一鑫印务有限责任公司
装　　订：北京一鑫印务有限责任公司
本书如有破损、缺页、装订错误，请与本社联系调换，电话：010–67019571

开　　本：150mm×220mm　　　　　印　　张：12
字　　数：150 千字
版　　次：2014 年 6 月第 1 版
印　　次：2024 年 3 月第 4 次印刷
书　　号：ISBN 978–7–5112–6334–6

定　　价：29.80 元

目　录

幼学琼林

卷 一

天 文

混沌初开,乾坤始奠。

【注释】

混沌:指天地形成前元气未分、一团模糊的状态。乾坤:原指八卦中的乾卦和坤卦,此处指天地。

【译文】

相传远古时代,天地像一个由清浊气体混成的圆球,盘古把它劈开后,天和地才开始形成。

气之轻清上浮者为天,气之重浊下凝者为地。

【注释】

轻清:轻飘飘的、清澈的。重浊:重的、浑浊的。

【译文】

大气中轻飘飘的、清澈的那部分浮升起来,逐渐形成天;而重的、浑浊的那部分沉了下去,逐渐凝结成为地。

日月五星,谓之七政;天地与人,谓之三才。

【注释】

五星:东南西北中五个方位的星宿,即东方岁星、南方荧惑、西方太白、北方辰星、中央镇星,也称木星、火星、金星、水星、土星。七政:古代的天文术语。此处指太阳、月亮和木星、火星、金星、水星、土星的合称。

【译文】

太阳、月亮和木星、火星、金星、水星、土星统称七政;天、地、人合称三才。

日为众阳之宗,月乃太阴之象。

【注释】

众阳:宇宙间,各种促使万物生长的阳气。太阴:至阴、纯阴。

【译文】

太阳是各种阳性事物的主宰,月亮是一切阴性事物的象征。

虹名螮蝀,乃天地之淫气;月里蟾蜍,是月魄之精光。

【注释】

螮蝀(dì dōng):古代彩虹的别名。蟾蜍:一种动物,但此处借指传说中的嫦娥。月魄:月亮不圆时的阴影部分。

【译文】

彩虹别名叫螮蝀,它是阳气和阴气相交而成的,是天地间的淫气;月宫里有个蟾蜍,它是嫦娥奔月而变成的,是月魄的光辉。

风欲起而石燕飞,天将雨而商羊舞。

【注释】

石燕:出自《湘州记》中"零陵山有石燕,遇风雨即飞,止还为石"。商羊:传说中一种一只脚的鸟。据说,大雨前,这种一只脚的鸟常常翩翩起舞。

【译文】

在湖南零陵山上,有一块形状像燕子的石头,风将刮起时,它们会飞起来,风停了后,它们又落下原地变为石头;春秋时的齐国,有一种一只脚的鸟,天将要下雨时,它会翩翩起舞,孔子称它为商羊。

旋风名为羊角,闪电号曰雷鞭。

【注释】

羊角:《庄子·逍遥游》:"旋风曲戾,犹如羊角。"曰:说,此处是叫的意思。

【译文】

旋风的另一个名字叫作"羊角",闪电的另一个名字叫作"雷鞭"。

青女乃霜之神,素娥即月之号。

【注释】

素娥:嫦娥的别称,也常常用作月亮的代称。

【译文】

青女是霜雪神的名字,素娥是月亮的别号。

雷部至捷之鬼曰律令,雷部推车之女曰阿香。

【注释】

阿香:明·张岱《夜航船》引《搜神记》时,曾说:"永和中,有人暮宿道旁女子家,夜半闻小儿呼:'阿香,官唤汝推雷车。'忽骤雷雨,明日视宿家,乃一新冢。"

【译文】

雷部那个跑得极快的鬼的名字叫律令;雷部那个专门推雷车的女鬼的名字叫阿香。

云师系是丰隆,雪神乃为滕六。

丰隆：古代神话中的雷神。此处说云师是丰隆，不准确。

【译文】

掌管云的法师是丰隆，掌管雪的神叫滕六。

欻火、谢仙，俱掌雷火；飞廉、箕伯，悉是风神。

【注释】

欻火：《说文》说："欻，欻本字，有所吹起也。"古人认为，雷火本来是因风而起的，所以称雷部之鬼为欻火。古书载："大宋祥符中，岳州玉仙观为天火所焚，唯存一柱，上有谢仙火三字。"谢仙：也是雷部的鬼的名字。飞廉：能致风的神禽名，也指风神。箕(jī)伯：风师，也指古代神话中的风神。

【译文】

欻火和谢仙都是掌管雷的火神；飞廉和箕伯都是风神的名字。

列缺乃电之神，望舒是月之御。

【注释】

乃：就是。望舒：神话中为月神的车夫。

【译文】

列缺就是管闪电的神，望舒就是月神的车夫。

甘霖、甘澍，俱指时雨；玄穹、彼苍，悉称上天。

【注释】

时雨：应时的雨水。

【译文】

甘霖和甘澍都指应和时节下的雨；玄穹和彼苍都是对上天的称呼。

雪花飞六出，先兆丰年；日上已三竿，乃云时晏。

【注释】

六出：花分瓣叫"出"，雪花六角，因以六出为雪的别名。

【译文】

天上飞舞着六个瓣的雪花，预兆着来年将是丰收年；太阳升到三根竹竿那么高时，说明时间已经不早了。

蜀犬吠日，比人所见甚稀；吴牛喘月，笑人畏惧过甚。

【注释】

蜀犬吠（fèi）日：蜀郡多雾，不常见日，每逢日出，狗都会疑而惊叫。吴牛喘月：吴地的牛怕热，看到月亮以为是太阳，就气喘起来。

【译文】

蜀地雾多晴天少，那里的狗看见太阳出来就会狂叫，用来比喻人的见识太少；吴地的天气炎热，那里的牛看见月亮以为是太阳就会气喘，这是讥笑人过于胆小。

望切者，若云霓之望；恩深者，如雨露之恩。

【注释】

云霓：指彩虹。雨露：此处指恩泽。

【译文】

深切期望，就像久旱盼望天上出现彩虹；受到别人深厚的恩情，好比万物受到了雨露的滋润。

参商二星，其出没不相见；牛女两宿，唯七夕一相逢。

【注释】

参商：参星和商星。参星在西边，商星在东边，此出彼没，永远不能相见。传说，它们是高辛氏的两个儿子，因两人争斗不已，被安排在两个永远不能相见的位置上。

【译文】

参星和商星不会同时在天空中出现，所以彼此永远不会相见；牛郎星和织女星只有在每年七月初七才会相逢一次。

后羿妻，奔月宫而为嫦娥；傅说死，其精神托于箕尾。

【注释】

傅说(yuè)：殷王武丁时期的贤相。

【译文】

传说，后羿的妻子偷吃长生不老药后，飞到月宫里变成了嫦娥；殷王武丁的宰相傅说死后，灵魂寄托于箕星和尾星之间。

披星戴月，谓早夜之奔驰；沐雨栉风，谓风尘之劳苦。

【注释】

沐雨栉(zhì)风：沐是洗头，栉是理发。劳人在外，非常忙碌，只好利用雨给他洗头，用风给他梳理头发。

【译文】

披星戴月，比喻人起早摸黑，不停地奔波；沐雨栉风，形容人在旅途中饱经风霜，异常忙碌。

事非有意，譬如云出无心；恩可遍施，乃曰阳春有脚。

【注释】

阳春有脚：五代·王仁裕在《开元天宝遗事·有脚阳春》中写道："宋璟爱民恤物，朝野归美，时人咸谓璟为有脚阳春，言所至之处，如阳春煦物也。"后来，人们以"阳春有脚"称誉贤明的官员。

无意中就做成了事情,好比天上的云彩无意间从山峰中飘出来;广泛施舍恩惠,所以说温暖的春光就像长脚一样遍及八方。

馈物致敬,曰敢效献曝之忱;托人转移,曰全赖回天之力。

【注释】

献曝(pù):所提出的菲薄、浅陋,但出于至诚的谦词。

【译文】

送人礼物表达敬意,要说敢仿效古人献曝的诚意;托人调解,要说全靠人家扭转难以挽回的局面。

感救死之恩曰再造,颂再生之德曰二天。

【注释】

二天:此处指恩人,是对庇护者的感恩之词。

【译文】

感激别人的救命之恩,因为如同对方又一次给了自己生命,所以称为再造之恩;称颂他人使自己重生的功德,如同换了苍天,称之为二天之德。

势易尽者若冰山,事相悬者如天壤。

【注释】

冰山:因冰山遇天气转暖就会消融,所以以此比喻不可长久依赖的靠山。

【译文】

权势容易衰弱的人,就好比一遇到阳光就会消融的冰山;事理相差悬殊,如同天地相距遥远一样。

晨星谓贤人寥落,雷同谓言语相符。

晨星:早晨出现的星辰,常常用来比喻贤能之人稀少。

【译文】

晨星是指有贤才的人像早晨的星辰一样稀少;雷同是指彼此的话语像两次雷声一样相同。

心多过虑,何异杞人忧天;事不量力,不殊夸父追日。

【注释】

杞人忧天:故事详见《列子·天瑞》,指为一些不切实际的事情而忧愁。夸父追日:故事详见《列子·汤问》和《山海经·海外北经》,形容自不量力。

【译文】

心中忧虑过多,与杞人担心天要下坠一样,都是为一些不切实际的事情而忧愁;做事不考量自己的能力,和夸父追逐太阳没什么不同,都是自不量力的举动。

如夏日之可畏,是谓赵盾;如冬日之可爱,是谓赵衰。

【注释】

赵盾:春秋时晋国的贤臣。赵衰(cuī):赵盾的父亲。

【译文】

春秋时,晋国大夫赵盾威严,让人见了感到像见了炎热夏天的骄阳一样畏惧可怕;而他父亲赵衰性情温和,让人见了感到像见了冬天的太阳那样温暖可爱。

齐妇含冤,三年不雨;邹衍下狱,六月飞霜。

【译文】

汉朝时,山东一孝妇含冤而死,结果天上三年不曾下雨;战国时,燕国学者邹衍遭陷害蒙冤入狱,结果六月天下起了大雪。

父仇不共戴天，子道须当爱日。

【注释】

爱日：指做儿子的爱惜供养父母的光阴，要如同爱惜冬天的太阳一样。

【译文】

和杀父的仇人，不能同在一个天底下生活；做儿子的，要如同爱惜冬天的太阳一样爱惜供养父母的光阴。

盛世黎民，嬉游于光天化日之下；
太平天子，上召夫景星庆云之祥。

【注释】

景星：大星，德星，瑞星。古代说它会出现在有道之国。庆云：五色云。古人认为五色云为喜庆、吉祥之气。

【译文】

太平盛世的百姓可以在明朗的天空下自由地游乐和生活；太平盛世时的皇帝，可以召来景星、庆云的祥瑞。

夏时大禹在位，上天雨金；
《春秋》《孝经》既成，赤虹化玉。

【注释】

上天雨金：相传，大禹治水成功后，天上下了三天黄金雨。赤虹化玉：相传，孔子创作《春秋》和《孝经》后，有赤虹从天而降，化为黄玉，有三尺长，上有刻文，孔子跪着接受了它。

【译文】

夏朝大禹治水成功时，天下起了三天黄金雨；孔子编成《春秋》和《孝经》后，天上赤虹化成了刻有字的黄玉。

箕好风,毕好雨,比庶人愿欲不同;风从虎,云从龙,比君臣会合不偶。

【注释】

箕:星宿名。二十八宿之一,主管刮风。毕:星宿名。二十八宿之一,主管下雨。

【译文】

箕星喜欢刮风,毕星喜欢下雨,好比普通百姓的愿望和想法各有不同;虎啸风生,龙腾云涌,好比君臣的相遇并非偶然。

雨旸时若,系是休徵;天地交泰,斯称盛世。

【注释】

雨旸(yáng)时若:指晴天和下雨都很适时,气候会变得非常调和。天地交泰:意思是说天地之气相交,万物才会兴旺发达。

【译文】

晴天和下雨都很适时,是将会丰收的美好征兆;天地万物兴旺发达,这才称得上是太平盛世。

地 舆

黄帝画野,始分都邑;夏禹治水,初奠山川。

【注释】

黄帝画野:出自《汉书·地理志》:"昔在黄帝,作舟车以济不通,旁行天下,方制万里,画野分州。"

【译文】

黄帝划分疆域的范围和界线后,才开始有都城和乡镇;大禹治理洪水,初步奠定了山川河流走向的基础。

宇宙之江山不改,古今之称谓各殊。

称谓:称呼,名称。

【译文】

天地间的山川是不会变的,但人们对它的称呼古今却各不相同。

北京原属幽燕,金台是其异号;

南京原为建业,金陵又是别名。

【注释】

幽燕:今北京、河北北部及辽宁一带。建业:是三国·吴,南朝·宋、齐、梁、陈,五代十国·吴等几个朝代建都的地方。

【译文】

北京属于古代燕国,"金台"是它的别称;南京原来叫建业,"金陵"是它的别名。

浙江是武林之区,原为越国;江西是豫章之郡,又曰吴皋。

【注释】

武林:以前杭州的别称。豫章:今南昌一带。

【译文】

浙江属武林区域,古代属于越国;江西古时候叫豫章郡,又叫吴皋。

福建省属闽中,湖广地名三楚。

【注释】

闽中:古代的郡名,秦朝时设置,治所在今福州市。三楚:战国时,楚国疆域广阔。秦汉时,故楚国地盘被分为西楚、东楚、南楚,合称三楚。

【译文】

福建省在秦朝属于闽中郡,湖广省(今湖北省和湖南省)一带旧称三楚。

东鲁西鲁,即山东山西之分;东粤西粤,乃广东广西之域。

【注释】

东粤西粤:东粤指广东,西粤指广西。广东为古代扬州的地盘,广西为古带荆州的地盘,但在春秋时都是百粤族的故地。

【译文】

东鲁和西鲁是山东和山西的别称;东粤和西粤分别指广东和广西。

河南在华夏之中,故曰中州;陕西即长安之地,原为秦境。

【注释】

中州:古代的豫州(主要为河南省一带)地处九州之中,故称中州。

【译文】

中国古代称华夏,河南地处华夏中部,所以叫中州;陕西是长安所在地,原本是已故秦国的领土。

四川为西蜀,云南为古滇。

【注释】

西蜀:四川省。四川古代为蜀国领土,因在中原西部,故称西蜀。滇(diān):云南的旧称,因滇池得名。

【译文】

四川别称西蜀,云南就是古代的滇国。

贵州省近蛮方,自古名为黔地。

【注释】

蛮方:荒野遥远,没有开化的地方,也指落后少数民族居住的地方。

【译文】

贵州省靠近落后少数民族居住的地方,自古以来就被称为黔地。

东岳泰山,西岳华山,南岳衡山,北岳恒山,中岳嵩山,此为天下之五岳;饶州之鄱阳,岳州之青草,润州之丹阳,鄂州之洞庭,苏州之太湖,此为天下之五湖。

【注释】

五岳:泰山、华山、衡山、恒山、嵩山这五大名山的总称。五湖:鄱阳湖、青草湖、丹阳湖、洞庭湖、太湖这五大湖的总称。

【译文】

东岳泰山,西岳华山,南岳衡山,北岳恒山,中岳嵩山,这是天下的五大名山;饶州的鄱阳湖,岳州的青草湖,润州的丹阳湖,鄂州的洞庭湖,苏州的太湖,这是天下的五大湖泊。

金城汤池,谓城池之巩固;砺山带河,乃封建之誓盟。

【注释】

砺山带河:封爵的誓词,说的是国基坚固,国祚长久,出自《史记·高祖功臣侯者年表序》。

【译文】

城墙如用金属(主要指铁)筑成,护城河的水像滚烫的开水,这用来比喻城池坚固,牢不可破。泰山变得像砺石一样小,黄河变得像衣带一样窄,用来祝愿封国永久存在,生生不息,这是汉高祖刘邦册封功臣时盟约里的话。

帝都曰京师,故乡曰梓里。

【注释】

梓(zǐ)里:古代指故乡,出自《诗·小雅·小弁》:"维桑与梓,必恭敬止。"

【译文】

皇帝所在的都城叫京师,故乡叫梓里。

蓬莱弱水,惟飞仙可渡;方壶员峤,乃仙子所居。

【注释】

蓬莱:蓬莱山,东海中的一个岛屿,古人认为是神仙居住的地方。弱水:古代的水名。由于水浅或当地人不造船而不懂得利用舟楫,只用皮筏济渡,所以古人往往认为是水弱不能载舟,故称弱水。方壶、员峤(qiáo):传说中的神山名。

【译文】

蓬莱和弱水都是只有神仙才能飞渡过去的地方;方壶和员峤是神仙居住的地方。

沧海桑田,谓世事之多变;河清海晏,兆天下之升平。

【注释】

河清海晏:黄河水清,沧海波平,形容国内安定,天下太平。

【译文】

大海变成农田,比喻人世间的事情多变;黄河水变清,大海不扬波,预兆着天下太平。

水神曰冯夷,又曰阳侯;火神曰祝融,又曰回禄。

【注释】

冯夷:传说为黄河之神,即河伯。阳侯:传说中的波涛之神。祝融:帝喾时的火官,后被尊为火神。回禄:也是火神,见《左传·昭公十八年》(杜预注):"回禄,火神。"

【译文】

水神名叫冯夷,也叫阳侯;火神名叫祝融,又叫回禄。

海神曰海若,海眼曰尾闾。

海若:海神之一,见《楚辞·远游》(王逸注):"海若,海神名也。"尾闾(lú):古代传说中泄海水之处。

【译文】

海神名叫海若,海眼名叫尾闾。

望人包容,曰海涵;谢人恩泽,曰河润。

【注释】

河润:指恩泽及人,如同河水滋润土地一样。

【译文】

希望别人宽容原谅自己,要说海涵;感谢别人对自己的恩惠,要说河润。

无系累者,曰江湖散人;负豪气者,曰湖海之士。

【注释】

江湖散人:江湖上闲散自在的人。湖海之士:形容性格爽朗豪放的人。

【译文】

心中没有任何牵挂的人,叫作江湖散人;胸中抱有豪迈气概的人,叫作湖海之士。

问舍求田,原无大志;掀天揭地,方是奇士。

【注释】

问舍求田:指买屋买田,多用来形容只求个人小利,没有远大志向。

【译文】

到处打听房子价格,追求购买土地的人,原本就没有什么大志;能够翻天覆地地做一番大事业的人,才称得上是奇才。

凭空起事,谓之平地风波;独立不移,谓之中流砥柱。

【注释】

中流砥柱:砥柱,山名,在河南三门峡东,屹立于黄河激流之中,用于称赞坚强而能起支柱作用的人或集体。

【译文】

事情凭空而发生,叫作平地风波;能够独当一面,顶住危局的,叫作中流砥柱。

黑子弹丸,极言至小之邑;咽喉右臂,皆言要害之区。

【注释】

黑子、弹丸:都形容地域狭小,出自北周·庾信《哀江南赋》:"地惟黑子,城犹弹丸。"

【译文】

黑子和弹丸,都是用来形容地方极小的;咽喉和右臂,用来比喻重要的地方。

独力难持,曰一木焉能支大厦;
英雄自恃,曰丸泥亦可封函关。

【注释】

丸泥亦可封函关:说的是守险拒敌。

【译文】

一个人的力量难于成大事,用"一木焉能支大厦"来表达;一个人依仗自己有英雄才略,用"丸泥亦可封函关"来表达。

事先败而后成,曰失之东隅,收之桑榆;
事将成而终止,曰为山九仞,功亏一篑。

失之东隅,收之桑榆:东隅,因日出东隅,故以东隅指早晨。桑榆,日落时光照桑榆树端,因以指日暮。意思是说初虽有失而终得补偿。为山九仞,功亏一篑(kuì):意思是堆九仞高的山,却只差一筐土而未能成功。多含惋惜的意思。

【译文】

做事先失败后又成功的,用"失之东隅,收之桑榆"来表达;事情即将成功却停下来的,用"为山九仞,功亏一篑"来表达。

以蠡测海,喻人之见小;精卫衔石,比人之徒劳。

【注释】

以蠡(lí)测海:蠡,瓠瓢,意思是用瓢量海水;比喻以浅陋之见揣度事物。精卫衔石:传说炎帝的女儿在东海淹死,其灵魂化为精卫鸟,常衔西山的木石来填东海。

【译文】

用"以蠡测海"比喻人的见识太少;用"精卫衔石"比喻人做徒劳无功的事。

跋涉谓行路艰难,康庄谓道路平坦。

【注释】

康庄:意思指宽阔平坦。

【译文】

跋涉说的是行路艰难,康庄说的是道路平坦。

硗地曰不毛之地,美田曰膏腴之田。

【注释】

硗(qiāo)地:土质坚硬且瘠薄的土地。

【译文】

描述土质坚硬且瘠薄的土地要说不毛之地；描述肥美的田要说膏腴之田。

得物无所用，曰如获石田；为学已大成，曰诞登道岸。

【注释】

石田：多石而不可耕之地。比喻无用之物。诞登道岸：诞，语气助词。诞登，即登上。道岸，佛教语，即菩提岸，指彻悟的境界。

【译文】

描述得到没有什么用处的东西，要说"如获石田"；夸奖他人做学问已有成就，要说"诞登道岸"。

淄渑之滋味可辨，泾渭之清浊当分。

【注释】

淄渑(zī miǎn)：指淄水和渑水，都在山东境内。相传这两条河的水味不同，淄水味甜，渑水味苦。

【译文】

淄水和渑水的味道可以辨别，因为淄水味甜，渑水味苦；泾河与渭河可以通过清浊来分辨，因为泾水清澈，渭水浑浊。

泌水乐饥，隐居不仕；东山高卧，谢职求安。

【注释】

泌水乐饥：指隐居之人以喝泉水为乐，后形容隐居自得其乐。东山：在浙江上虞县西南，为东晋·谢安早年隐居的地方。

【译文】

用山间涌出的泉水充饥而感到快乐，隐居的高士不愿出来做官；东晋·谢安隐居在东山上高枕无忧，谢绝朝廷的多次征召，以求安宁。

圣人出则黄河清,太守廉则越石见。

【译文】

圣人出现了,黄河就会变清澈;太守廉洁了,才能见到南海边隐于云雾中的越王石。

美俗曰仁里,恶俗曰互乡。

【注释】

互乡:地名,出自《论语·述而》:"互乡难与言。"泛称风俗恶劣的乡里。

【译文】

风俗淳美的地方叫"仁里",风俗恶劣的地方叫"互乡"。

里名胜母,曾子不入;邑号朝歌,墨翟回车。

【注释】

胜母、朝歌:都是古代的地名。

【译文】

路过一个叫胜母的地方时,曾子认为这地名不合礼俗,就不肯入境;路过一个叫朝歌的城池时,墨子认为这名字起得不好,就回车离开了。

击壤而歌,尧帝黎民之自得;让畔而耕,文王百姓之相推。

【注释】

让畔而耕:畔,田埂,相传,由于圣王的德化,古代种田人互相谦让,在田界处会有意让对方多占点儿。

【译文】

尧帝时的农民击打着田壤尽情地歌唱,十分得意;周文王时的农民互相谦让地界而耕作,礼让之风盛行。

费长房有缩地之方,秦始皇有鞭石之法。

【注释】

缩地之方:指的是传说中能化远为近的法术。鞭石之法:《艺文类聚》卷七九引晋·伏琛《三齐略记》:"始皇作石桥,欲过海观日出处。时有神人,能驱石下海,石去不速,神人辄鞭之。"

【译文】

相传东汉人费长房有缩短土地的法术;秦始皇想渡海观日时,有神仙鞭打石头为他下海架桥。

尧有九年之水患,汤有七年之旱灾。

【注释】

汤:商朝的开国帝王。

【译文】

据说,上古尧时,一连九年发生水灾;商汤在位时,接连发生过七年旱灾。

商鞅不仁而阡陌开,夏桀无道而伊洛竭。

【注释】

阡陌:田界。伊洛:伊水和洛水;因两水汇流,多连称。

【译文】

商鞅变法,不施仁政,废井田,开阡陌,导致田界出现了;夏桀荒淫暴虐没有君道,导致伊水和洛水都干了。

道不拾遗,由在上有善政;海不扬波,知中国有圣人。

【注释】

海不扬波:海水平静没有波涛,比喻太平无事。

路上丢失的东西,没人因私念而去捡起来,这是因为地方官员治理有方;周成王时,大海三年不翻滚波涛(比喻天下太平),是因为来朝贡的人都知道周朝出了圣人。

岁 时

爆竹一声除旧,桃符万户更新。

【注释】

桃符:挂在大门上的两块画着神荼、郁垒二神的桃木板,古人认为桃木能压邪。这是古代过新年的风俗,一年一换,相当于现在的春联。

【译文】

爆竹一声响,人们告别了旧的一年;家家换上新桃符,一片万象更新的吉祥景象。

履端是初一元旦,人日是初七灵辰。

【注释】

履端:年历的推算从正月朔日(初一)开始,称作履端。《左传·文公元年》孔颖达疏:"履,步也,谓推步历之初始,以为术历之端首。"人日:旧俗以农历正月初七为人日。灵辰:良辰吉日。

【译文】

正月初一是一年的开始,称作元旦;正月初七,称人日,也是个良辰吉日。

元旦献君以《椒花颂》,为祝遐龄;
元日饮人以屠苏酒,可除疬疫。

《椒花颂》:晋朝·刘臻的妻子陈氏曾在正月初一献《椒花颂》,后常用为春节贺词之典。《晋书·列女传·刘臻妻陈氏传》:"陈氏献《椒花颂》,其词曰:'圣容映之,永寿于万。'"

【译文】

元旦这天献给君王《椒花颂》,是为了祝他健康长寿;元旦请人喝用药浸泡而成的屠苏酒,是为了清除各种疫病。

新岁曰王春,去年曰客岁。

【注释】

王春:《公羊传·隐公元年》:"元年春,王正月。春者何?岁之始也;王者孰谓?谓文王也。"后来,王春用来指代阴历新春。

【译文】

新的一年叫"王春",过去的一年叫"客岁"。

火树银花合,谓元宵灯火之辉煌;
星桥铁锁开,谓元夕金吾之不禁。

【注释】

星桥:指的是七星桥,在四川省成都市。七星桥相传为秦朝·李冰所造,上应七星,故称。

【译文】

火树银花合,指的是元宵佳节的晚上,灯火辉煌的美丽景象;星桥铁锁开,指的是元宵节时官府解除宵禁,人们可以在晚上自由通行。

二月朔为中和节,三月三为上巳辰。

【注释】

中和节:贞元五年,唐德宗下诏以二月初一为中和节。上巳(sì):即上巳日。汉朝以前,以农历三月上旬巳日为上巳日;晋朝以后,定三月三日为上巳日,不必取巳日。

【译文】

二月初一叫中和节,寓意春天天气开始和缓的意思,人们在这一天互赠百谷瓜果;三月初三叫上巳日,人们在这一天都到水边饮酒,相传可以祛除身上的不祥之气。

冬至百六是清明,立春五戊为春社。

【注释】

五戊:立春后的第五个戊日。古时,人们以这天为春社日,在春耕前祭祀土神,以祈丰收。

【译文】

冬至过后一百零六天是清明节;立春过后第五个带"戊"的日子是祭土地神的春社日。

寒食节是清明前一日,初伏日是夏至第三庚。

【注释】

寒食:相传,春秋时晋文公辜负了他的功臣介子推。介子推愤而隐于绵山。晋文公悔悟后,烧山逼令介子推出仕,介子推抱树焚死。人民同情介子推的遭遇,相约在他的忌日禁火冷食,以此悼念他。后来相沿成俗,称为寒食节。

【译文】

寒食节在清明节前一天,初伏是夏至后第三个带"庚"的日子。

四月乃是麦秋,端午却为蒲节。

【注释】

蒲节:端午节时,人们切菖蒲以泛酒中饮之,认为可避瘟气,故称端午节为蒲节。

【译文】

四月是麦子成熟的时候,所以叫麦秋;五月初五端午节,因人们喝菖蒲酒以避瘟疫,所以也叫蒲节。

六月六日,节名天贶;五月五日,节号天中。

【注释】

天贶(kuàng):上天的恩赐,此处指宋朝的节日名。大中祥符四年正月,宋真宗下诏令以六月六日天书再降日为天贶节。天中:端午节的别称。

【译文】

六月初六叫天贶节,五月初五叫天中节。

端阳竞渡,吊屈原之溺水;重九登高,效桓景之避灾。

【注释】

重九登高:古代的习俗,详见南朝·梁吴均《续齐谐记·重阳登高》。

【译文】

端午节有赛龙舟的习俗,起源是为了凭吊屈原投汨罗江而死;九月初九重阳节有登高饮菊花酒的习俗,起源是效仿东汉·桓景登山避灾。

五戊鸡豚宴社,处处饮治聋之酒;
七夕牛女渡河,家家穿乞巧之针。

【注释】

治聋之酒:指社日饮的酒。相传,社日饮酒可以治聋。乞巧:古代的风俗,农历七月七日夜(或七月六日夜),妇女们要在庭院向织女星乞求智巧。

【译文】

在立春后第五个戊日(即春社日),乡亲们要杀鸡宰猪宴请土地神,家家都要喝防治耳聋的酒;七月初七夜,牛郎和织女渡过天河相会,妇女们要穿针引线,向织女乞求智巧。

中秋月朗,明皇亲游于月殿;九日风高,孟嘉落帽于龙山。

【注释】

明皇亲游于月殿:明皇指的唐明皇李隆基。孟嘉落帽于龙山:东晋时,桓温在龙山举行宴会,孟嘉在宴会中帽落而依然风度翩翩,当人们嘲笑他时,他从容应对,令四座叹服。

【译文】

中秋节月光明亮,罗公远施展法术,取拄杖化作桥,陪同唐明皇游览月宫;重阳节那天天气好,东晋参军孟嘉在龙山宴会中帽子被风吹落而不知。

秦人岁终祭神曰腊,故至今以十二月为腊;
始皇当年御讳曰政,故至今读正月为征。

【注释】

腊:祭名。上古时,人们称祭百神为"蜡",祭祖先为"腊";秦汉以后,人们统称"腊"。政:秦始皇的名字。政通"正"。因秦朝避秦始皇的讳,读正月为征月。

【译文】

秦国人年终祭神叫腊,所以把农历十二月叫作腊月;秦始皇的名字叫嬴政,为避秦始皇的讳,至今正月读作征月。

东方之神曰太皞,乘震而司春,甲乙属木,
木则旺于春,其色青,故春帝曰青帝。
南方之神曰祝融,居离而司夏,丙丁属火,
火则旺于夏,其色赤,故夏帝曰赤帝。
西方之神曰蓐收,当兑而司秋,庚辛属金,
金则旺于秋,其色白,故秋帝曰白帝。
北方之神曰玄冥,乘坎而司冬,壬癸属水,

水则旺于冬,其色黑,故冬帝曰黑帝。

中央戊己属土,其色黄,故中央帝曰黄帝。

【注释】

震、离、兑、坎:都是八卦中的一卦,分别代表东方、南方、西方、北方。木、火、金、水、土:都是五行,古代以十天干配五行,木配甲乙、火配丙丁、金配庚辛、水配壬癸、土配戊己。

【译文】

东方的神叫太皞,东方在八卦中属震卦,主管春天。春天在天干中属甲乙,甲乙在五行中属木,木气在春天最旺盛,它的颜色是青色,所以春帝也叫青帝。

南方的神叫祝融,南方在八卦中属离卦,主管夏天。夏天在天干中属丙丁,丙丁在五行中属火,火气在夏天最旺盛,它的颜色是赤色,所以夏帝也叫赤帝。

西方的神叫蓐收,西方在八卦中属兑卦,主管秋天。秋天在天干中属庚辛,庚辛在五行中属金,金气在秋天最旺盛,它的颜色是白色,所以秋帝也叫白帝。

北方的神叫玄冥,北方在八卦中属坎卦,主管冬天。冬天在天干中属壬癸,壬癸在五行中属水,水气在冬天最旺盛,它的颜色是黑色,所以冬帝又叫黑帝。

中央在天干中属戊己,戊己在五行中属土,它的颜色是黄色,所以中央帝又叫黄帝。

夏至一阴生,是以天时渐短;冬至一阳生,是以日晷初长。

【注释】

一阴生:夏至后白天逐渐变短,古代认为那是阴气初动,所以夏至又称一阴生。一阳生:冬至后白天逐渐变长,古代认为那是阳气初动,所以冬至又称一阳生。日晷(guǐ):太阳的影子。

从夏至这一天开始生阴气,所以夏至后白天一天比一天短;从冬至这一天开始阳气回升,所以冬至后的白天一天比一天长。

冬至到而葭灰飞,立秋至而梧叶落。

【注释】

葭(jiā)灰:芦苇燃烧后留下的灰。古人烧芦苇成灰,置于律管中,放在密室内,用来占卜气候。某一节候到,某律管中的芦苇灰即飞出,预示该节候已经到了。

【译文】

冬至到了,律管中的葭灰飞了出来;立秋开始,梧桐树上的叶子就会纷纷飘落在地上。

上弦谓月圆其半,系初八九;下弦谓月缺其半,系廿二三。

【注释】

上弦:即上弦月。农历每月初七或初八,在地球上看到的月相呈"D"字形,称为上弦月。下弦:即下弦月。农历每月二十二日或二十三日,在地球上看到月亮呈反"D"字形,称为下弦月。

【译文】

上弦月是指月亮圆了一半,在农历每月初八、初九;下弦月是指月亮缺了一半,在农历每月的二十二、二十三。

月光都尽谓之晦,三十日之名;
月光复苏谓之朔,初一日之号;
月与日对谓之望,十五日之称。

【注释】

晦:邹圣脉注:"晦,灭也。火死为灭,月尽似之,故为月尽之名。"朔:

邹圣脉注:"朔,苏也。月死复苏,故为月初之名。"望:邹圣脉注:"望,月满之名也。月大十六,月小十五,日在东,月在西,遥相望也。"

【译文】

月光完全没有了叫晦,是农历每月三十的别名;月光重新恢复叫朔,是农历每月初一的别号;月亮与太阳遥遥相对叫望,是农历每月十五日的别称。

初一是死魄,初二旁死魄,初三哉生明,十六始生魄。

【注释】

死魄:古代称月亮有光的部分为明,无光的部分为魄。朔后月明渐增,月魄渐减,所以称它为死魄。反之,望后月明渐减,月魄渐生,即称它为生魄。旁死魄:农历每月初二的月相,也借指农历每月初二。哉生明:指农历每月初三,此时月亮开始有光。

【译文】

初一那天的月亮最暗,因此叫死魄;初二的和初一的差不多,因此叫旁死魄;初三那天的月亮开始有光,因此叫哉生明;十六那天的月亮又开始亏缺,月光逐渐暗淡,因此叫始生魄。

翌日、诘朝,皆言明日;谷旦、吉旦,悉是良辰。

【注释】

谷旦:指吉利的日子。吉旦:泛指吉利的日子。

【译文】

翌日和诘朝,都是说的明天;谷旦和吉旦,都是说吉利的日子。

片晌即谓片时,日曛乃云日暮。

【注释】

日曛(xūn):日色昏黄,意思说天色已晚。

片晌就是片时、片刻的意思;日曛就是日暮、傍晚的意思。

畴昔、曩者,俱前日之谓;黎明、昧爽,皆将曙之时。

【注释】

曩(nǎng):先时,以前,从前。

【译文】

畴昔和曩者都是指以往的日子;黎明和昧爽都是指天将亮的时候。

月有三浣:初旬十日为上浣,中旬十日为中浣,下旬十日为下浣;学足三余:夜者日之余,冬者岁之余,雨者晴之余。

【注释】

三浣(huàn):按照唐朝的制度,官吏十天一休沐,沐也称作澣(huàn,同浣)濯。后来,三澣用来对应一个月的上旬、中旬、下旬。三余:《三国志·魏志·王肃传》裴松之注引三国·魏鱼豢《魏略》:"(董)遇言:'(读书)当以三余。'或问三余之意。遇言:'冬者岁之余,夜者日之余,阴雨者时之余也。'"

【译文】

一个月分为三浣:每月前十天叫上浣,中间十天叫中浣,最后十天叫下浣;三国·董遇说过,治学要充分利用三个空余时间:夜晚是白天的空余时间,冬天是一年的空余时间,雨天是晴天的空余时间。

以术愚人,曰朝三暮四;为学求益,曰日就月将。

【注释】

朝三暮四:详见《列子·黄帝》。日就月将:每天有成就,每月有进步,用来形容积少成多,不断进步。

【译文】

用权术愚弄别人,就像古代养猴人喂猴一样,今天早上三升,晚上四

卷一

升,明天早上四升,晚上三升,玩的是欺骗;做学问求收益,要日就月将,做到天天有所成就,月月有所进步。

焚膏继晷,日夜辛勤;俾昼作夜,晨昏颠倒。

【注释】

焚膏继晷:膏,油脂之类的东西,此处指灯烛。晷,日光。焚膏继晷用来形容夜以继日地勤奋学习或者努力工作。俾昼作夜:把白昼当作夜晚,多用来指不分昼夜地寻欢作乐。

【译文】

焚膏继晷是用来比喻勤奋好学的人白天黑夜都在读书;俾昼作夜是指有的人沉醉于灯红酒绿的生活,把早晨和黄昏都弄颠倒了。

自愧无成,曰虚延岁月;与人共语,曰少叙寒暄。

【注释】

寒暄:问候起居,问寒问暖,表示关怀。暄,暖也。

【译文】

惭愧自己一事无成,用虚延岁月这个词;和别人交谈,说几句问寒问暖的话,用少叙寒暄这个词。

可憎者,人情冷暖;可厌者,世态炎凉。

【注释】

人情冷暖、世态炎凉:都指趋炎附势的人情世故。

【译文】

人情冷暖是最可憎恨的,世态炎凉是最可厌恶的。

周末无寒年,因东周之懦弱;秦亡无燠岁,由嬴氏之凶残。

【注释】

燠(yù):暖,热。

东周末年没有寒冷的月份,因为它的王权太虚弱;秦朝灭亡时没有温暖的月份,因为它的政权太残暴。

泰阶星平曰泰平,时序调和曰玉烛。

【注释】

泰阶:古星座名。又叫三台。上台、中台、下台共六星,两两并排而斜上,如阶梯。玉烛:此处指四时之气和畅。

【译文】

泰阶的六星阴阳平和称为太平,天气四季调和称为玉烛。

岁歉曰饥馑之岁,年丰曰大有之年。

【注释】

饥馑(jǐn):灾荒。大有:此处指丰收。

【译文】

庄稼歉收的年份称为饥馑之岁,丰收的年份称为大有之年。

唐德宗之饥年,醉人为瑞;梁惠王之凶岁,野莩堪怜。

【注释】

莩(piǎo):通"殍",指饿死的人。

【译文】

唐德宗时的饥荒年连酿酒的粮食都没有,偶尔看见有人喝醉了,都认为这是祥瑞的征兆;战国·梁惠王时遇到荒年,到处是饿死的穷人,十分悲惨可怜。

丰年玉,荒年谷,言人品之可珍;
薪如桂,食如玉,言薪米之腾贵。

丰年玉,荒年谷:比喻难得的人品。薪如桂,食如玉:柴米等生活必需品价格昂贵。

【译文】

像丰收年份的玉,像饥荒年份的谷子,这些都是比喻人有难得的品德;柴像桂枝,食物像白玉,这些都是形容柴米等生活必需品价钱飞涨,贵得惊人。

春祈秋报,农夫之常规;夜寐夙兴,吾人之勤事。

【注释】

春祈秋报:春祈,指古人在春日祈求谷物丰熟的祭礼。秋报,指古人秋日祭祀社稷以报神佑的活动。

【译文】

春天祈求丰收,秋天庆祝回报,农民每年都要这样做;天黑就睡,清晨早起,我们勤劳的人都是这样的。

韶华不再,吾辈须当惜阴;日月其除,志士正宜待旦。

【注释】

韶(sháo)华:美好时光。

【译文】

青春年华逝去后就不会再来,因此我们应当珍惜光阴;时间过得很快,有志向的人应抓紧时间有所作为。

朝　廷

三皇为皇,五帝为帝。

【注释】

三皇:传说中上古时代的三个帝王,说法不一,多认为三皇是伏羲、神农、燧人。五帝:传说中上古时代的五个帝王,说法也不一,多认为是黄帝、颛顼(zhuān xū)、帝喾(kù)、唐尧、虞舜。

【译文】

伏羲、神农和燧人合称三皇;黄帝、颛顼、帝喾、唐尧和虞舜合称五帝。

以德行仁者王,以力假仁者霸。

【注释】

力:兵力、武力。

【译文】

以仁义道德来治理天下的,叫行王道;以武力假借仁义征服天下的,叫行霸道。

天子天下之主,诸侯一国之君。

【注释】

诸侯:古代帝王所分封的各国君主。在其统辖区域内,君主世代掌握军政大权,但要服从王命,定期向帝王朝贡述职,并有出军赋和服役的义务。

【译文】

天子是整个天下的帝王,诸侯是天子分封的诸侯国的国君。

官天下,乃以位让贤;家天下,是以位传子。

官天下:此处指天下为公。家天下:是说帝王把国家当作自己一家的私产,世代相传。

【译文】

官天下是指五帝时出于公心,以天下为公,将帝位让给贤人;家天下是指从夏朝以来的帝王出于私心,以天下为私,将帝位传给儿子。

陛下尊称天子,殿下尊重宗藩。

【注释】

陛下:都是因卑达尊的称呼。

【译文】

陛下是对天子的尊称,殿下是对皇室宗亲的尊称。

皇帝即位曰龙飞,人臣觐君曰虎拜。

【注释】

龙飞:《易·乾》孔颖达疏:"若圣人有龙德,飞腾而居天位。"后来,龙飞用来指帝王的兴起或即位。虎拜:召穆公名虎,周宣王时的人。因平定淮夷之乱有功,周宣王赐给他山川土田。召穆公稽首拜谢。后来,称大臣朝拜天子为虎拜。

【译文】

皇帝即位叫龙飞,大臣朝见皇帝叫虎拜。

皇帝之言,谓之纶音;皇后之命,乃称懿旨。

【注释】

纶音:指代帝王的诏令。懿旨:古代指皇后、皇太后或皇妃、公主等的命令,也可用为对贵显人家长辈妇人命令的敬称。

【译文】
皇帝说的话叫纶音;皇后的命令叫懿旨。

椒房是皇后所居,枫宸乃人君所莅。

【注释】

椒房:即椒房殿。古代的后宫喜欢以椒涂壁取温暖,辟恶气。枫宸:此处指宫殿。宸,北辰所居,指帝王居住的殿庭。汉朝的宫庭多植枫树,故称枫宸。

【译文】

椒房是皇后居住的地方,枫宸是皇帝居住的宫殿。

天子尊崇,故称元首;臣邻辅翼,故曰股肱。

【注释】

股肱(gōng):大腿和胳膊,比喻左右辅佐的得力大臣。

【译文】

天子备受人们的尊崇,像一个人的头脑一样,所以叫元首;大臣们是辅佐皇帝的,如同人的四肢护着身体一样,所以叫股肱。

龙之种,麟之角,俱誉宗藩;君之储,国之贰,皆称太子。

【注释】

宗藩:指受天子分封的宗室诸侯。因其拱卫王室,犹如藩篱,故称宗藩。

【译文】

龙种和麟角都是赞誉宗室诸侯的词;君储和国贰都是称呼太子的词。

帝子爱立青宫,帝印乃是玉玺。

青宫:西汉人东方朔《神异经》:"东方外有东明山,有宫焉,左右有阙,而立其高百尺,画以五色青石为墙,高三仞,门有银榜,以青石碧镂题曰:天地长男之宫。"后来,将太子所居的宫叫作青宫。玉玺:专指皇帝的玉印,最先出现在秦朝。

【译文】

太子居住的地方叫青宫,皇帝用的印章叫玉玺。

宗室之派,演于天潢;帝胄之谱,名为玉牒。

【注释】

玉牒(dié):记载帝王谱系、历数及政令沿革的书。

【译文】

皇帝宗族的支派如同天池之水分成各支流一样;皇族的家谱,叫作玉牒。

前星耀彩,共祝太子以千秋;嵩岳效灵,三呼天子以万岁。

【注释】

前星耀彩:邹圣脉注:"心三星,天王正位也。中星,天子位;前星,太子位;后星,庶子位。唐明皇为太子时,八月五日生辰宴,百官于花萼楼,张悦等表请是日为千秋灵节。"嵩岳效灵:《汉书·武帝纪》:"翌日亲登嵩高,御史乘属在庙旁吏卒成闻呼万岁者三。"据载,此事发生在元丰元年春。后来,祝颂帝王高呼万岁,称为嵩呼。

【译文】

天上有前星、中星和后星,前星代表太子位。唐明皇做太子时,过生日宴请百官,前星发出耀眼的光彩,大臣们便共祝太子千秋;汉武帝登临中岳嵩山时,他和身边的大臣们听到空中三呼"万岁",以为嵩山的神显灵,就在山下建邑以祭祀。

神器、大宝,皆言帝位;妃嫔、媵嫱,总是宫娥。

【注释】

神器:代表国家政权的器物,如玉玺、宝鼎之类的东西。大宝:此处借指帝位、政权。媵嫱(yìng qiáng):宫廷侍御的侍女。

【译文】

神器和大宝都是皇位的代称;妃、嫔、媵、嫱都是皇帝的妃子和侍女的称呼。

姜后脱簪而待罪,世称哲后;马后练服以鸣俭,共仰贤妃。

【注释】

姜后脱簪而待罪:详见西汉·刘向《列女传》。马后练服以鸣俭:详见《后汉书·明德马皇后纪》。练服鸣俭用来颂扬皇后廉俭。

【译文】

周宣王的王后姜氏认为,周宣王早睡晚起耽误朝政是她的过错,就摘下头上的簪子以示应受处罚,后人称她是明哲的王后;东汉光武帝的皇后马氏衣着节俭,人们敬仰她是贤德的皇后。

唐放勋德配昊天,遂动华封之三祝;
汉太子恩覃少海,乃兴乐府之四歌。

【注释】

放勋:尧的名字。三祝:指多福、多寿、多子,是古人常用的祝颂之辞。少海:此处指渤海。

【译文】

尧的功德可以与天相比,所以华封人都祝他多福多寿多子孙;汉明帝为太子时,对人广施恩德,所以乐府的艺人们为他作四章歌到处传颂。

文 臣

帝王有出震向离之象，大臣有补天浴日之功。

【注释】

出震向离：在八卦中，震代表东方，离代表南方。补天浴日：指古代神话传说中的女娲炼石补天与羲和浴日甘渊的并称。

【译文】

帝王应该像"太阳从东边升起，在南边普照万物"那样；大臣们则应当像"女娲补天、羲和浴日"那样力挽危局。

三公上应三台，郎官上应列宿。

【注释】

三公上应三台：三台，即上台、中台、下台，共六星，两两并排而斜上，如阶梯。三公，古代朝中三种最高官衔的合称，即司徒、司空、司马。郎官上应列宿：列宿，众星宿。郎官，谓侍郎、郎中等职。秦朝曾设置郎中令，是皇帝左右亲近的高级官员。

【译文】

三公对应天上的三台星，郎官们对应着天上的众星宿。

宰相位居台铉，吏部职掌铨衡。

【注释】

台铉：台，指三台星中的中台星。铉，古代举鼎的器具。铜制，钩状，用它提鼎的两耳。常用来比喻三公之类的重臣。

【译文】

宰相的位置，就像三台星中的中台星和大鼎两边的鼎耳那样重要；吏部的职责是掌管国家官吏的选拔和考察。

吏部天官大冢宰,户部地官大司徒,礼部春官大宗伯,兵部夏官大司马,刑部秋官大司寇,工部冬官大司空。

【注释】

吏部、户部、礼部、兵部、刑部、工部:古代的官制,合称六部。天官、地官、春官、夏官、秋官、冬官:《周礼》分设的六官。大冢宰、大司徒、大宗伯、大司马、大司寇、大司空:分别为《周礼》六官的最高长官。

【译文】

《周礼》所说的天官相当于吏部,它的最高长官叫大冢宰;《周礼》所说的地官相当于户部,它的最高长官叫大司徒;《周礼》所说的春官相当于礼部,它的最高长官叫大宗伯;《周礼》所说的夏官相当于兵部,它的最高长官叫大司马;《周礼》所说的秋官相当于刑部,它的最高长官叫大司寇;《周礼》所说的冬官相当于工部,它的最高长官叫大司空。

司宪中丞,都御史之号;内翰学士,翰林院之称。

【注释】

司宪、中丞:此处指巡抚都御史。内翰、学士:此处指翰林。

【译文】

司宪和中丞是都御史的别号;内翰和学士是翰林院翰林的别称。

天使誉称行人,司成尊称祭酒。

【注释】

行人:使者的通称。祭酒:汉朝以后的官名。汉朝有博士祭酒,为博士之首;西晋改设国子祭酒;隋唐以后称国子监祭酒,为国子监主管官;清朝末废除了这个官职。

【译文】

天使是对传达皇帝诏令官员的美称;司成是对掌管国子监官员的尊称。

称都堂曰大抚台,称巡按曰大柱史。

【注释】

都堂:明朝派遣到外省的总督和巡抚都带有都察院御史衔,所以称都堂。抚台:明清两朝巡抚的别称。巡按:明朝有巡按御史,为监察御史赴各地巡视的人。其职权颇重,负责考核吏治,审理大案,知府以下均奉其命。柱史:御史的代称。

【译文】

都堂又称大抚台,巡按又称大柱史。

方伯、藩侯,左右布政之号;宪台、廉宪,提刑按察之称。

【注释】

方伯:殷朝和周朝时的一方诸侯之长叫方伯,后来泛称地方长官。汉朝以来的刺史,唐朝的采访使和观察使,明朝和清朝的布政使都称方伯。藩侯:邹圣脉注:"藩侯者,即古屏藩之诸侯,一方之牧伯也。"宪台:后汉改称汉御史府为宪台。后来,宪台为同类机构的通称,也用来称御史等官职。廉宪:宋朝和元朝的职官名。宋朝全称为廉访使者,元朝全称为肃政廉访使,其职责是主管监察事务。

【译文】

方伯和藩侯是称呼左右布政使的;宪台和廉宪是称呼提刑按察使的。

宗师称为大文衡,副使称为大宪副。

【注释】

文衡:古代指判定文章高下以取士的权力。因为评文如同以秤衡物,所以这样说。

【译文】

宗师又称作大文衡,副使也称作大宪副。

郡侯邦伯,知府名尊;郡丞贰侯,同知美誉。

【注释】

郡侯、邦伯:郡侯,指一郡之长。邦伯,指州牧。最先用来称呼一方诸侯之长,后来用来称呼刺史、知州等一州的长官。郡丞、贰侯:都指郡守的副手。同知:副职的称呼。清朝府州及盐运使置同知,府同知以同知为官称,州同知称州同,盐同知称盐同。

【译文】

郡侯和邦伯都是对知府的尊称;郡丞和贰侯都是对同知的美称。

郡宰别驾,乃称通判;司理鹰史,赞美推官。

【注释】

通判:宋朝初开始在诸州府设置此职位,即共同处理政务的意思。其地位略次于州府长官,但握有连署州府公事和监察官吏的实权。推官:掌狱讼事务的官员。

【译文】

郡宰和别驾都是通判的别称;司理和鹰史都是对推官的美称。

刺史州牧,乃知州之两号;鹰史台谏,即知县之尊称。

【注释】

刺史:起先是朝廷所派督察地方的官职,后来沿用为地方官职名称。州牧:指一州之长。

【译文】

刺史和州牧是知州的两个称号;鹰史和台谏是对知县的尊称。

乡宦曰乡绅,农官称田畯。

【注释】

田畯(jùn):古代地方小吏的称呼,掌管税赋、徭役及农事等。

【译文】

居住在乡间的退职官员叫乡绅,管理农事的官员叫田畯。

钧座台座,皆称仕宦;帐下麾下,并美武官。

【注释】

钧座:对长官的尊称。钧,国政。台座:古时称呼对方的敬辞。台,此处指三台星。麾(huī)下:将旗之下,指将帅的部下。

【译文】

钧座和台座都是称呼做官的人;帐下和麾下都是对武官的美称。

秩官即分九品,命妇亦有七阶。

【注释】

秩官:指常设的官职。秩,序,级别。九品:古代官吏的等级,始于魏晋。从一品到九品,共分九等。命妇:封建时代受封号的妇女。在宫廷中,妃嫔等称为内命妇,在宫廷外,臣下的母亲或者妻子称为外命妇。七阶:阶,级。七阶指命妇分为七个等级。

【译文】

古代官员的官阶俸禄分为九品;皇帝诰封的妇女也有七级。

一品曰夫人,二品亦夫人,三品曰淑人,四品曰恭人,五品曰宜人,六品曰安人,七品曰孺人。

【注释】

一品曰夫人,二品亦夫人,三品曰淑人,四品曰恭人,五品曰宜人,六品曰安人,七品曰孺人:这是明清两朝的命妇制度,前代有所不同。

按照明清两朝的命妇制度,一品、二品称夫人,三品称淑人,四品称恭人,五品称宜人,六品称安人,七品称孺人。

妇人受封,曰金花诰;状元报捷,曰紫泥封。

【注释】

金花诰:古代以金花绫罗纸书写的赐爵封赠的诰书。紫泥封:此处指皇帝的诏书。古人以泥封书信,泥上盖印,以防止有人偷看。皇帝的诏书则用紫泥封的。

【译文】

皇帝诰封妇人的诏书是写在金花绫罗纸上的,所以叫金花诰;为新科状元报捷的文书是用紫泥封口的,所以叫紫泥封。

唐玄宗以金瓯覆宰相之名,宋真宗以美珠箝谏臣之口。

【注释】

金瓯(ōu):金子做的酒杯,此处指酒杯的美称。

【译文】

唐玄宗任命宰相时,先把预先选定的宰相的名字用金瓯覆盖,然后让太子来猜;宋真宗为了制止大臣王旦谏阻泰山封禅,赐他一坛珍珠,以堵住他的嘴。

金马玉堂,羡翰林之声价;朱幡皂盖,仰郡守之威仪。

【注释】

金马玉堂:指金马门与玉堂署。汉朝时,指学士金马门和玉堂殿待诏的地方,后来用来称翰林院或翰林学士。朱幡(fān)皂盖:朱幡,红色的旗幡,是尊显者所用的东西。皂盖,古代官员所用的黑色蓬伞。

卷一

【译文】

西汉长安皇宫有金马门和玉堂殿,后来的人用金马玉堂作为羡慕翰林声望和身价的赞辞;汉朝时的郡守出巡时,前有朱幡和皂盖引路,后来的人常用朱幡皂盖形容地方官出行仪仗的威严。

台辅曰紫阁明公,知府曰黄堂太守。

【注释】

紫阁:唐朝曾改中书省为紫微省,中书令为紫微令,因此称宰相府第为紫阁。黄堂:太守的正厅,明清两朝知府的别称。

【译文】

因宰相府第称为紫阁,所以台辅又叫紫阁明公;因黄堂是知府办事的厅堂,所以知府又叫黄堂太守。

府尹之禄二千石,太守之马五花骢。

【注释】

骢(cōng):青白色相杂的马。

【译文】

府尹的年俸是二千石,太守乘坐的是青白色相杂的马。

代天巡狩,赞称巡按;指日高升,预贺官僚。

【注释】

代天巡狩:代表天子巡行按察。指日高升:意思是说很快就能升官。

【译文】

代表天子巡视,这是对巡按的赞誉语言;指日高升,这是预先祝贺官吏升官的语言。

初到任曰下车,告致仕曰解组。

下车:指初即位或者初到任。解组:指解下印绶,说的是辞免了官职。

【译文】

官吏初到任上叫下车,官吏辞去官职告老还乡叫解组。

藩垣屏翰,方伯犹古诸侯之国;
墨绶铜章,令尹即古子男之邦。

【注释】

藩垣:藩篱和垣墙,此处指屏障。屏翰:此处比喻国家重臣。墨绶:黑色丝带。在古代,绶带的颜色常用来标志不同的身份与等级。铜章:古代铜制的官印。唐朝以后,铜章称郡县长官或指相应的官职。

【译文】

藩垣屏翰是指方伯,他们管辖的地方犹如古代的大诸侯国,是护卫京城的屏障;墨绶铜章是指令尹,他们管辖的地方相当于古代爵位中子爵、男爵等小诸侯的领地。

太监掌阖门之禁令,故曰阉宦;
朝臣皆搢笏于绅间,故曰搢绅。

【注释】

笏(hù):古代大臣朝见帝王时所执的狭长板子,用玉、象牙或者竹木制成。搢(jìn)绅:围于腰际的用于插笏的大带,借指当官的人。

【译文】

太监掌管着宫门的开闭,所以又叫阉宦;朝廷的大臣们都把笏板插在腰带上,所以又叫缙绅。

萧曹相汉高,曾为刀笔吏;汲黯相汉武,真是社稷臣。

刀笔吏:指掌管文案的官吏,典故出自《汉书·萧何传》:"赞曰:萧何、曹参皆起秦刀笔吏,当时录录未有奇节。"

【译文】

汉高祖的丞相萧何和曹参都曾做过秦朝掌管文案的刀笔吏;汉武帝的丞相汲黯敢于谏言,安定社稷有功,被汉武帝称作社稷臣。

召伯布文王之政,尝舍甘棠之下,后人思其遗爱,不忍伐其树;孔明有王佐之才,尝隐草庐之中,先主慕其令名,乃三顾其庐。

【注释】

甘棠:树名,即棠梨树。典出《诗·召南·甘棠序》:"《甘棠》,美召伯也。召伯之教,明于南国。"后来用"甘棠""召公棠"来称颂循吏的美政和遗爱。

【译文】

周朝的召公施行周文王的政令。他曾在一棵甘棠树下办公休息。他死后,人们思念他的好处,不忍心把这棵树砍去。诸葛亮有辅佐天子的才略,曾隐居在南阳卧龙岗的草庐中,刘备敬仰他的大名,三次亲自到草庐请他出山。

鱼头参政,鲁宗道秉性骨鲠;伴食宰相,卢怀慎居位无能。

【注释】

鱼头参政:宋朝人鲁宗道任参知政事时,刚正嫉恶,遇事敢言,因其姓鲁(鱼字头),且秉性耿直,被称为鱼头参政。伴食宰相:典出《旧唐书·卢怀慎传》:"怀慎与紫微令姚崇对掌枢密,怀慎自以为吏道不及崇,每事皆推让之。时人谓之'伴食宰相'。"后来用来指身居相位而庸懦不能任事的人。

【译文】

宋朝参知政事鲁宗道秉性耿直,遇事敢言,人称鱼头参政;唐朝宰相卢怀慎遇事推诿，不敢做主，人称伴食宰相。

王德用，人称黑王相公；赵清献，世号铁面御史。

【注释】

黑王相公：典出《宋史·王德用传》："德用习知军中情伪，善以恩抚下，故多得士心。虽屡临边境，未尝亲矢石、督攻战，而名闻四夷，虽闾阎妇女小儿，皆呼德用曰'黑王相公'。"铁面御史：典出《宋史·赵抃传》："(抃)为殿中侍御史，弹劾不避权幸，声称凛然，京师目为铁面御史。"

【译文】

宋朝大将王德用英勇善战，对军中事务了如指掌，经常施恩于部下，未曾亲自督战上阵，就已名扬四方，因其脸黑，被人称为黑王相公；宋朝殿中侍御史赵抃铁面无私，弹劾不避权贵，被人称为铁面御史。

汉刘宽责民，蒲鞭示辱；项仲山洁己，饮马投钱。

【注释】

蒲鞭示辱：常用来形容刑罚宽仁，颂扬官吏施以德政教化，不尚刑罚。饮马投钱：《初学记》引赵岐《三辅决录》："安陵清者有项仲山，饮马渭水，每投三钱。"后用来形容人清介、不妄取。

【译文】

东汉南阳太守刘宽，为人温厚宽恕，遇到吏民有过错时，就用蒲草做成的鞭子抽打几下，以示羞辱而已；安陵人项仲山为示清廉，每次在渭水边饮马时，都要向水中投三文钱。

李善感直言不讳，竞称鸣凤朝阳；
汉张纲弹劾无私，直斥豺狼当道。

【注释】

鸣凤朝阳：比喻贤臣遇到明君。豺狼当道：比喻暴虐奸邪的人掌握国家大权。张纲直斥奸臣,详见《后汉书·张皓传附子纲传》。

【译文】

唐朝的监察御史李善感敢于直言谏上,深得民心,人们称赞他是鸣凤朝阳;东汉的御史张纲,无私无畏,敢于上疏弹劾大将军梁冀父子违法乱纪,直斥奸臣专权是豺狼当道。

民爱邓侯之政,挽之不留;人嫌谢令之贪,推之不去。

【注释】

邓侯、谢令:邓侯指晋朝人邓攸,他是吴郡太守,为官廉政清明。谢令,邓攸的前任,为官贪婪。《晋书·邓攸传》:"吴人歌之曰:'邓侯拖不留,谢令推不去。'"

【译文】

晋朝的吴郡太守邓攸为官清廉,离任时百姓再三挽留不让他走;他的前任谢令在任上贪赃枉法,百姓赶都赶不走他。

廉范守蜀郡,民歌五裤;张堪守渔阳,麦穗两岐。

【译文】

东汉的蜀郡太守廉范废除过去禁止老百姓夜间劳作的陋规,鼓励生产,百姓生活好了,过去没衣服的,如今裤子也多了,就作歌唱道:"廉叔度,来何暮;不禁火,民安堵;昔无襦,今五袴。"东汉的张堪做渔阳太守时,劝民勤耕,麦穗竟会分叉,百姓作歌:"桑无附枝,麦穗两岐。张君为政,乐不可支。"

鲁恭为中牟令,桑下有驯雉之异;
郭伋为并州守,儿童有竹马之迎。

【注释】

驯雉之异:用来称颂官吏善政。竹马之迎:也是用来称颂地方官吏的典故。竹马,指儿童游戏时骑竹竿,将之当作马。

【译文】

东汉的鲁恭当中牟令时,民风淳正,桑树下有驯服的野鸡在那里栖息而没人去捕捉;郭伋当并州太守时,施行仁政,深受老百姓爱戴,后来他旧地重来,竟然有数百名儿童骑着竹马在道上迎候他。

鲜于子骏,宁非一路福星;司马温公,真是万家生佛。

【注释】

一路福星:比喻能造福于一方的清正官吏。万家生佛:比喻有恩德的官吏。宋朝人戴翼《贺陈待制启》:"福星一路之歌谣,生佛万家之香火。"上句说的是鲜于侁(字子骏),下句说的是司马光(死后,追赠温国公)。

【译文】

宋朝的鲜于子骏当京东转运使时,司马光让他去齐鲁赈济,人们称他是一路福星;司马光做宰相时,广布恩泽,德惠于人,百姓称他万家生佛。

鸾凤不栖枳棘,羡仇香之为主簿;
河阳遍种桃花,乃潘岳之为县官。

【注释】

仇香:即东汉人仇览。因他曾任主簿,后人常用仇香代称主簿。潘岳:西晋人。详见《白氏六帖·县令》:"潘岳为河阳令,树桃李花,人号曰'河阳一县花'"。

【译文】

鸾凤不栖枳棘,是赞扬东汉人仇香任亭长时,在处理一件母亲起诉儿子不孝的诉状事件中,成功劝说儿子孝敬母亲,因而升任主簿的赞誉之辞。河阳遍种桃花是对西晋人潘岳当县令时功绩的赞颂。

刘昆宰江陵,昔日反风灭火;龚遂守渤海,令民卖刀买牛。

【注释】

反风灭火：汉朝人刘昆为江陵县令时，江陵县多火灾，刘昆向火叩头时，多能降雨止风。卖刀买牛：意思是卖掉武器，从事农业生产。

【译文】

汉朝人刘昆任江陵县令时，遇有火灾，便下跪向火叩头，风转方向，把火扑灭；龚遂做渤海太守时，下令不抓捕强盗，劝说他们卖掉兵器买牛从事农业，改过自新。

此皆德政可歌，是以令名攸著。

【注释】

攸（yōu）：通"悠"，长久；长远。

【译文】

这些人施行的德政，都可歌颂，所以他们的美名久传不衰。

武 职

韩柳欧苏，固文人之最著；起翦颇牧，乃武将之多奇。

【注释】

起翦（jiǎn）颇牧：起翦是战国时秦国著名将领白起和王翦的合称，颇牧是战国时赵国名将廉颇与李牧的合称。

【译文】

唐朝文学家韩愈和柳宗元，宋朝文学家欧阳修和苏轼，这都是文人中最著名的；战国时秦国的白起和王翦，赵国的廉颇和李牧，这都是武将中最有奇才的。

范仲淹，胸中具数万甲兵；楚项羽，江东有八千子弟。

胸中具数万甲兵：《宋名臣言行录》卷七引《名臣传》："公（范仲淹）领延安，阅兵选将，日夕训练；又请戒诸路养兵蓄锐，毋得轻动。夏人闻之，相戒曰：'无以延州为意，今小范老子腹中自有数万甲兵，不比大范老子（范雍，范仲淹父亲）可欺也。'"

江东有八千子弟：秦朝末年，项梁、项羽叔侄在会稽起兵反秦，得江东子弟八千人，是其基本骨干队伍。

【译文】

宋朝的范仲淹能文能武，镇守延州时，西夏人称他为胸有雄兵数万，不敢侵犯；楚霸王项羽起兵时，带领江东八千子弟渡江作战，后来名震天下。

孙膑、吴起，将略堪夸；穰苴、尉缭，兵机莫测。

【注释】

穰苴（ráng jū）：姓田，名穰苴，春秋时期齐国人，是齐景公时掌管军事的大司马，后人称他司马穰苴。他著有《司马法》。尉缭：魏国大梁人，姓不可考，名缭。他入秦游说，被任为国尉，因称尉缭。尉缭是著名的军事理论家，著有《尉缭子》。

【译文】

春秋战国时，齐国孙膑和魏国吴起的谋略值得夸赞；齐国司马穰苴和魏国尉缭的计谋让人难以猜测。

姜太公有《六韬》，黄石公有《三略》。

【注释】

六韬（tāo）：兵书名，分文韬、武韬、龙韬、虎韬、豹韬和犬韬六卷。黄石公：《史记·留侯世家》称黄石公避秦朝末年的动乱，隐居在东海郡下邳县。当时张良因谋刺秦始皇不果，逃到下邳躲避，在下邳桥遇到了黄石公。黄石公多次考验张良后，传授给他《太公兵法》。后世流传的《黄石公素书》和《黄石公三略》二书,可能是后人托名所作的。《三略》分上略、中略和下略三部分。

【译文】

周文王时,姜太公著有《六韬》;秦汉时,黄石公著有《三略》。

韩信将兵,多多益善;毛遂讥众,碌碌无奇。

【译文】

韩信与汉高祖刘邦谈论用兵作战时,韩信说:"您可带兵十万,我带兵越多越好。"战国时,赵国人毛遂自荐随平原君求救于楚,同行的有二十人,结果只有他一人说服了楚王出兵。毛遂指着另外十九人说"公等碌碌,因人成事",讥讽他们没有才谋,碌碌无为,空忙一场。

大将曰干城,武士曰武弁。

【注释】

干城:比喻捍卫或捍卫的人。武弁(biàn):弁是古代贵族的一种帽子,通常穿礼服时戴这种帽子。赤黑色布做的叫爵弁,是文冠,文官戴的帽子;白鹿皮做的叫皮弁,是武冠,武将戴的帽子。武士戴着皮弁,所以称武士为武弁。

【译文】

大将担负保卫国家的重任,所以称之为干城;武士头戴着武冠,所以称之为武弁。

都督称为大镇国,总兵称为大总戎。

【注释】

总兵:古代武官官名,明朝派遣大将率军出征,设总兵和副总兵统领军务,其后,总兵镇守一方,逐渐成为常驻武官。

【译文】

都督又可称为大镇国,总兵又可称为大总戎。

都阃即是都司,参戎即是参将。

【注释】

都阃(kǔn):指统兵在外的将帅。参戎:明清两朝的武官名称,即参将。

【译文】

都阃是都司的别称,参戎是参将的别称。

千户有户侯之仰,百户有百宰之称。

【注释】

千户、百户:邹圣脉注:"称千户曰大户侯,曰千夫长。称百户曰大百宰,曰百夫长。"

【译文】

千户长的尊称是户侯,百户长的别称是百宰。

以车为户曰辕门,显揭战功曰露布。

【注释】

辕门:古代帝王打猎住宿的地方,仰起两车,车辕相向,以表示门,称辕门。露布:告捷文书,出自《隋书·礼仪志》:"后魏每攻战克捷,欲天下知闻,乃书帛,建于竿上,名为露布,其后相因施行。"

【译文】

过去,天子在外住宿时,用车子作屏障,车辕相向摆布以作门,这种门叫辕门;北魏时,军队每次打胜仗,都要把战功写在战旗上,这种战旗称作露布。

下杀上,谓之弑;上伐下,谓之征。

【注释】

弑(shì):卑幼杀死尊长,此处指大臣杀死国君。征:通"正",伐下所以正其罪。

【译文】

大臣杀国君的行为叫弑,国君讨伐叛臣的举动叫征。

交锋为对垒,求和曰求成。

【注释】

对垒:两军相持。

【译文】

两军交锋的举动叫对垒,请求停战的行为叫求成。

战胜而回,谓之凯旋;战败而走,谓之奔北。

【注释】

奔北:败逃。北通"背",详见《书·甘誓》孔颖达疏:"奔北,谓背阵走也。"

【译文】

得胜回营的举动叫凯旋,战败逃走的情形叫奔北。

为君泄恨,曰敌忾;为国救难,曰勤王。

【注释】

敌忾(kài):抵抗所愤恨的敌人。勤王:指君主统治受到威胁时,臣子起兵救援。

为君王发泄愤恨的举动叫敌忾,救君王于危难之中的行为叫勤王。

胆破心寒,比敌人慑服之状;风声鹤唳,惊士卒败北之魂。

【注释】

胆破心寒:邹圣脉注:"宋朝韩琦与范仲淹力欲收复西夏,边上谣曰:'军中有一韩,西贼闻之心胆寒;军中有一范,西贼闻之惊破胆。'"风声鹤唳:讲的是前秦苻坚兵败于东晋,逃跑途中听见风声和鹤鸣,还以为是晋兵追来了。

【译文】

胆破心寒,用来形容敌人惊恐万分的样子;风声鹤唳,用来描述因兵败而疑神疑鬼的样子。

汉冯异当论功,独立大树下,不夸己绩;
汉文帝尝劳军,亲幸细柳营,按辔徐行。

【注释】

冯异:详见《东观汉记·冯异传》:"异为人谦退,每止顿,诸将共论功伐,异常屏止树下,军中号'大树将军'。"细柳营:汉文帝时,周亚夫为将军,屯军在细柳。细柳位于陕西省咸阳市西南。

【译文】

东汉光武帝的偏将军冯异,每当诸将坐在一起比谁的战功大时,他便独自站到大树下,从不讲自己获得的功绩;汉文帝到周亚夫的细柳营劳军时,也得按照军规,牵着马缰绳,缓慢地走进去。

苻坚自夸将广,投鞭可以断流;
毛遂自荐才奇,处囊便当脱颖。

处囊:详见《史记·平原君虞卿列传》:"平原君曰:'夫贤士之处世也,譬若锥之处囊中,其末立见。'毛遂曰:'臣乃今日请处囊中耳。'"后来,常常用处囊比喻人的才智得到机会便立即显露出来。

【译文】

前秦皇帝苻坚举兵南侵时,石越劝他:"前有长江,不可妄动。"苻坚不听,并夸口说:"我有百万雄兵,把鞭子投入长江就能阻断其流。"结果,苻坚大败。战国时,赵国有难,毛遂自荐随平原君到楚国求救时,说:"我就像锥子放在布袋中一样,它的尖儿马上就会露出来。"后来,他果然完成了使命。

羞与哙等伍,韩信降作淮阴;无面见江东,项羽羞归故里。

【注释】

无面见江东:详见《史记·项羽本纪》。

【译文】

汉初,楚王韩信被降为淮阴侯后,与以前的部下樊哙平起平坐,他感到非常羞耻;楚霸王项羽兵败乌江时,自叹无颜再见江东父老,不愿渡过乌江返回家乡,最终拔剑自杀。

韩信受胯下之辱,张良有进履之谦。

【注释】

张良有进履之谦:《史记·留侯世家》称黄石公避秦朝末年的动乱,隐居在东海郡下邳县。当时张良因谋刺秦始皇不果,逃到下邳躲避,在下邳桥遇到了黄石公。黄石公多次考验张良后,传授给他《太公兵法》。

【译文】

韩信年轻的时候,曾受过钻别人裤裆的羞辱;在下邳桥上,张良曾给一个老人穿上他故意甩掉的鞋。

卫青为牧猪之奴，樊哙为屠狗之辈。

【注释】

卫青为牧猪之奴：《史记·卫将军骠骑列传》："青为侯家人，少时归其父，父使牧羊。"本文提到的牧猪应当作牧羊，说法有误。

【译文】

汉朝大将卫青少时孤贫，曾做过放猪牧羊的奴隶；樊哙年轻时也曾干过宰狗卖狗肉的职业。

求士莫求全，毋以二卵弃干城之将；
用人如用木，毋以寸朽弃连抱之材。

【注释】

求士莫求全，毋以二卵弃干城之将；用人如用木，毋以寸朽弃连抱之材：《孔丛子·居卫》记载：战国时，孔子的孙子子思在卫国向卫侯推荐苟变做将军，说他可以指挥五百辆战车。苟变做小吏时，收赋税时曾吃了人家两个鸡蛋，卫侯因此拒绝任用他。子思说："圣人任用官员，就好比工匠使用木材。用他的长处，不用他的短处。所以两人合抱那么粗的大树，虽有一寸腐朽的地方，好的工匠是不会不用的。"

【译文】

求人才不要求全责备，不要因为他吃了人家两个鸡蛋，就认为他不能当护卫国家的大将；用人才就像使用木材一样，不要因为有一点腐烂的地方就将整根木料丢弃不用。

总之君子之身，可大可小；丈夫之志，能屈能伸。

【注释】

可大可小、能屈能伸：指人在不得志时能忍耐，而在得志时能施展其抱负，也常常用来解嘲和自我安慰。

总而言之,有德有才的君子要能做大事,也要能做小事;胸怀志向的大丈夫能屈能伸,不会因为一时挫折而一蹶不振。

自古英雄,难以枚举;欲详将略,须读武经。

【注释】

武经:泛指兵书。宋朝时,举行武举考试,选定《孙子》《吴子》《六韬》《司马法》《三略》《尉缭子》《李卫公问对》等七种兵书,供参加武举考试的人研习,这些书合编为《武经七书》,简称《武经》。

【译文】

自古以来的英雄,难以一一列举;但要想详知将领的作战谋略,必须要熟读武经七书。

卷 二

祖孙父子

何谓五伦？君臣、父子、兄弟、夫妇、朋友；
何谓九族？高、曾、祖、考、己身、子、孙、曾、玄。

【注释】

五伦：即封建礼教所规定的五种尊卑长幼等级关系。九族：以自己为本位，向上推至四世的高祖，向下推至四世的玄孙，一起合称为九族。

【译文】

什么叫五伦呢？君臣、父子、兄弟、夫妻、朋友之间的关系统称五伦。什么叫九族呢？高祖、曾祖、祖父、父亲、自己、儿子、孙子、曾孙、玄孙九辈人统称九族。

始祖曰鼻祖，远孙曰耳孙。

【注释】

鼻祖：指有世系可考的最高一辈的祖先。耳孙：详见《汉书·惠帝纪》颜师古注："耳孙，诸说不同。耳音仍。据《尔雅》：'曾孙之子为玄孙，玄孙之子为来孙，来孙之子为昆孙，昆孙之子为仍孙。'"后来，耳孙多用来泛指远代的子孙。

【译文】

有世系可考的最高一辈的祖先叫始祖，也叫鼻祖；远代的孙子叫远孙，也叫耳孙。

父子创造,曰肯构肯堂;父子俱贤,曰是父是子。

【注释】

肯构肯堂:本指营缮房屋,后来用来比喻子承父业。详见《尚书·大诰》:"若考作室,既底法,厥子乃弗肯堂,矧肯构?"意思就是说,父亲想建造房子,且已经确定了方法,但他儿子却连地基都不愿打,哪里还愿意去盖房子呢?是父是子:详见《法言·孝至篇》:"石奋、石建,父子之美也。无是父,无是子;无是子,无是父。"石奋有三个儿子,都驯行孝谨,做官做到了两千石的级别。

【译文】

形容子继父业的用肯构肯堂这个词;父子都是贤才的用是父是子来表达。

祖称王父,父曰严君。

【注释】

王父:详见《尚书·牧誓》孔颖达疏:"《释亲》云'父之考为王父',则王父是祖也。"

【译文】

祖父也叫王父,父亲也叫严君。

父母俱存,谓之椿萱并茂;子孙发达,谓之兰桂腾芳。

【注释】

椿萱:《庄子·逍遥游》中说大椿长寿,因此后来的人以椿称父。《诗·卫风·伯兮》:"焉得谖草,言树之背。"谖草通萱草,后来的人以萱称母。椿和萱连用,古人用来代称父母。

【译文】

父母亲都健在,犹如椿树和萱草一样茂盛;子孙都有出息,就如兰花和桂树一样不断地发出芳香。

桥木高而仰,似父之道;梓木低而俯,如子之卑。

【注释】

桥、梓:《文选·任昉〈王文宪集序〉》李善注引《尚书大传》:"商子曰:'南山之阳有木名桥,南山之阴有木名梓,二子合往观焉!'于是二子如其言而往观之,见桥木高而仰,梓木低而俯。反以告商子。商子曰:'桥者,父道也;梓者,子道也。'"后来,人们称父子为桥梓。

【译文】

乔木高大而向上直立,就像父亲威严的样子;梓木低矮而向下弯曲,就像当儿子的卑谦之态。

不痴不聋,不作阿家阿翁;得亲顺亲,方可为人为子。

【注释】

不痴不聋:详见《太平御览》卷四九六引《慎子》逸文:"谚云:不聪不明,不能为王;不瞽不聋,不能为公。"本来指公卿的度量,后来常与"不成姑公"等连用,说的就是不故作痴呆,不装聋作哑,就不能当好公公婆婆。

【译文】

不会装傻装聋,谦让对方,就不会做公公婆婆;能得到父母的亲情,顺从父母的心意,才具备做人和做子的基本德行。

盖父愆,名为干蛊;育义子,乃曰螟蛉。

【注释】

干蛊(gǔ):详见《易·蛊》:"干父之蛊,有子,孝无咎。"王弼注:"以柔巽之质,干父之事,能承先轨,堪其任者也。"后来,干蛊说的就是继承父亲的事业。

螟蛉(míng líng):蜾蠃常捕螟蛉喂它的幼虫,古人便误认为蜾蠃是养螟蛉为己子。后来,人们将螟蛉用作养子的代称。

【译文】

掩盖父辈的过错叫干蛊;收养别人的孩子叫螟蛉。

生子当如孙仲谋,曹操羡孙权之语;
生子须如李亚子,朱温叹存勖之词。

【译文】

生子当如孙仲谋,这是三国时曹操羡慕东吴孙权军务整肃、治军有方时说过的话;生子须如李亚子,这是后梁高祖朱温赞叹李存勖英勇善战时说过的话。

菽水承欢,贫士养亲之乐;义方是训,父亲教子之严。

【注释】

菽水:豆与水,指吃的东西只有豆和水,用来形容生活清苦。义方:行事应该遵守的规范和遵循的道理。

【译文】

能吃到豆,喝到水,让父母欢快,这是贫穷人家儿子赡养双亲时给他们的乐趣;把做人的正道作为家训,不使儿子走入邪路,这是父亲教子时必须严格要求的。

绍箕裘,子承父业;恢先绪,子振家声。

【注释】

箕裘:邹圣脉注:"良冶之子,必学为裘。良弓之子,必学为箕。"良冶和良弓,此处指善于冶金和造弓的人。意思是说子弟由于耳濡目染,往往继承父兄之业。先绪:指的是祖先的功业。

【译文】

绍箕裘是说儿子能够继承父辈的事业;恢先绪是说子孙能够振兴家族的声望。

具庆下,父母俱存;重庆下,祖父俱在。

【注释】

具庆下:古代填写履历时,如果父母都还活着,就填写具庆下;如果是母亡父在,就填写严侍下;如果是父亡母在,就填写慈侍下。重庆下:指祖父母与父母都活着。

【译文】

具庆下是指父母都健在;重庆下是指祖父母以及父母都健在。

燕翼诒谋,乃称裕后之祖;克绳祖武,是称象贤之孙。

【注释】

燕翼:详见《诗·大雅·文王有声》:"武王岂不仕,诒厥孙谋,以燕翼子。"后来,用燕翼来说父辈善于替子孙后代谋划。祖武:说的是先人的遗迹和事业。

【译文】

燕翼诒谋,比喻像燕子用羽毛照顾乳燕一样,给后代创造了谋生富裕的门路;克绳祖武,赞扬子孙贤能,能继承祖上的事业并将之发扬光大。

称人有令子,曰麟趾呈祥;称宦有贤郎,曰凤毛济美。

【注释】

麟趾:详见《诗·周南·麟之趾》:"麟之趾,振振公子。"后来,用麟趾比喻有德才的贤人;或喻子孙昌盛。凤毛济美:比喻后继者能与前人的业绩齐美。古代多用来称颂贤良父兄有优秀子弟。

【译文】

称赞人家儿子优秀用麟趾呈祥;称赞官宦人家有优异的儿子用凤毛济美。

弑父自立,隋杨广之天性何存?

杀子媚君,齐易牙之人心何在?

【译文】

杀死父亲自立为皇帝,隋炀帝杨广哪里还有什么天性呢?春秋时,齐国人易牙杀死自己的儿子并献给齐桓公吃,他的人心又何在呢?

分甘以娱目,王羲之弄孙自乐;
问安惟点颔,郭子仪厥孙最多。

【注释】

分甘以娱目,王羲之弄孙自乐:王羲之曾写信给友人,说自己率领子孙玩,"有一味之甘,割而分之,以娱目前"。问安惟点颔,郭子仪厥孙最多:唐朝的郭子仪七子八婿,孙子数十,问安时,他都辨认不清。

【译文】

晋朝王羲之常抱着孙子,一起分吃美食,自寻乐趣;唐朝郭子仪有孙子数十人,每次孙子来问安,他都辨认不清,只好点头示意。

和丸教子,仲郢母之贤;戏彩娱亲,老莱子之孝。

【注释】

和丸:也称和熊,详见《新唐书·柳仲郢传》。戏彩:详见《艺文类聚》卷二十引汉刘向《列女传》:"老莱子孝养二亲,行年七十,婴儿自娱,着五色采衣。尝取浆上堂,跌仆,因卧地为小儿啼。"

【译文】

唐朝柳仲郢的母亲贤惠,经常拿黄连、苦参和熊胆做成的小丸给他吃,用来教育他要能吃苦耐劳、勤奋读书;春秋时,楚国的老莱子是个孝子,自己已七十多岁了,还经常穿着五彩斑斓的衣服,学小孩的游戏动作,用来讨得双亲的欢心。

毛义捧檄,为亲之存;伯俞泣杖,因母之老。

幼学琼林

捧檄:东汉人毛义有孝名。张奉去拜访他时,刚好让毛义出任守令的府檄到了。毛义捧檄,很高兴。张奉因此看不起他。后来,毛义的母亲死了,毛义弃官回家守孝,张奉方知他做官仅是为了让母亲高兴。泣杖:相传汉朝人韩伯俞因过受母笞打时,感到母亲年老力衰,笞打无力,因而哭泣。

【译文】

汉朝人毛义捧着任命的公文,面露喜色,是为了让还健在的母亲高兴才出去做官的;韩伯俞受了母亲的罚杖,忽然哭泣,是因为母亲打得没有过去疼,痛惜母亲已衰老无力而哭泣。

慈母望子,倚门倚闾;游子思亲,陟岵陟屺。

【注释】

倚门倚闾(lú):倚门,靠着门。倚闾,即倚庐。陟岵(hù):详见《诗·魏风·陟岵》:"陟彼岵兮,瞻望父兮。"后来,人们用陟岵来表达思念父亲的意思。陟屺:详见《诗·魏风·陟岵》:"陟彼屺兮,瞻望母兮。"后来,人们用陟屺表达思念母亲的意思。

【译文】

战国时,齐国大夫王孙贾的母亲曾对儿子说:"你早出晚归,我靠着家门而望,你晚上出去,迟迟不归,我靠着巷门而望。"后来,倚门倚闾用来比喻长辈对子女的盼望和爱护;儿子在外思念双亲,或登上青山瞻望父亲,或登上荒山瞻望母亲。

爱无差等,曰兄子如邻子;分有相同,曰吾翁即若翁。

【注释】

兄子如邻子:详见《孟子·滕文公上》:"夫夷子信以为人之亲其兄之子,为若亲其邻之赤子乎?"吾翁即若翁:详见《史记·项羽本纪》:"汉王曰:'吾与项羽俱北面受命怀王,曰约为兄弟,吾翁即若翁,必欲烹而翁,则幸分我一杯羹。'"

【译文】

　　爱是不分等级的,孟子曾说过,不论是亲哥哥的儿子,还是邻家的儿子,如果有危险,我们就都应当去救助;同辈的名分是相同的,刘邦曾对项羽说过,我们曾相约为兄弟,我的父亲就是你的父亲。

　　长男为主器,令子可克家。

【注释】

　　主器:详见《易·序卦》:"主器者莫若长子。"古代国君的长子主管宗庙的祭器,所以称太子为主器。后来,人们对他人的长子也称主器。克家:详见《易·蒙》:"纳妇吉,子克家。"本来的意思是能承担家事,但后来也可指能继承家业。

【译文】

　　古代国君的长子主管宗庙的祭器,所以称长子为主器;家有能干的好儿子,就可以替父治家。

　　子光前曰充闾,子过父曰跨灶。

【注释】

　　充闾:光大门庭。详见《晋书·贾充传》:"贾充,字公闾。(父逵)晚始生充,言后当有充闾之庆,故以为名字焉。"跨灶:本指良马奔跑时后蹄印跃过前蹄印,后来被用作比喻儿子胜过了父亲。

【译文】

　　儿子能光大门庭叫充闾;儿子超过了父亲叫跨灶。

　　宁馨英畏,皆是羡人之儿;国器掌珠,悉是称人之子。

【注释】

　　宁馨:晋朝以及南朝·宋时的俗语,"如此""这样"的意思。

宁馨、英畏都是用来称美别人的儿子,国器、掌珠都是用来称赞别人的儿子。

可爱者,子孙之多,若螽斯之蛰蛰;
堪羡者,后人之盛,如瓜瓞之绵绵。

【注释】

螽(zhōng)斯:虫名。详见《诗·周南·螽斯序》:"螽斯,后妃子孙众多也。"后来用祝福人多子、子孙旺盛。蛰(zhé)蛰:众多的样子。瓜瓞(dié):瓞,小瓜。详见《诗·大雅·绵》:"绵绵瓜瓞,民之初生。"多用来比喻子孙繁衍,相继不绝。绵绵:连续的样子。

【译文】

最让人喜爱的,是子孙众多如螽斯一样繁殖成群;最让人羡慕的,是后代兴盛如同瓜瓞滋生绵绵。

兄　弟

天下无不是底父母,世间最难得者兄弟。

【注释】

天下无不是底父母:底同的,详见宋罗仲素《豫章文集》卷十四:"昔罗先生语此云:'只为天下无不是底父母。'"

【译文】

天下没有不对的父母,人世间最难得的是兄弟。

须贻同气之光,无伤手足之雅。

【注释】

贻:赠给。同气:有血统关系的亲属,此处指兄弟姊妹。手足:比喻

卷二

67

兄弟。

【译文】

兄弟姐妹同属父母所生,应该要有同胞的感情,不能伤了手足情谊。

玉昆金友,羡兄弟之俱贤;伯埙仲篪,谓声气之相应。

【注释】

埙(xūn)、篪(chí):都是古代乐器的一种,两种乐器合奏时声音相应和。因此,人们常用埙篪来比喻兄弟亲密和睦。

【译文】

南朝·宋朝人王铨和王锡两兄弟都有贤德,人们称他们为玉昆金友;伯氏和仲氏是兄弟,《诗经》上说伯氏吹埙,仲氏吹篪,指的就是兄弟间声气相通,和睦相处。

兄弟既翕,谓之花萼相辉;兄弟联芳,谓之棠棣竞秀。

【注释】

棠棣:《诗·小雅·常棣》是一首申述兄弟应该互相友爱的诗。常棣也作棠棣,后来常被用来指代兄弟。

【译文】

唐玄宗常和兄弟共被共寝,并将寝楼题为花萼相辉楼,后来就用花萼相辉比喻兄弟之间和睦相处;兄弟一起考试中举,流芳百世,用棠棣竞秀来形容,意思是说他们像棠棣花一样竞相开放。

患难相顾,似鹡鸰之在原;手足分离,如雁行之折翼。

【注释】

鹡鸰(jí líng):《诗·小雅·常棣》:"脊令在原,兄弟急难。"脊令通鹡鸰,一种嘴细,尾巴和翅膀都很长的小鸟,只要一只鸟离群,其余的就都鸣叫起来,寻找同类。后来,人们就用鹡鸰在原比喻兄弟友爱之情。

兄弟遇到难处,应该相互照顾,要像鹡鸰鸟那样相互扶持,就好比《诗经》上说的脊令在原;如果手足不幸分离,那么就像大雁在飞行中折断了翅膀。

元方、秀方俱盛德,祖太丘称为难弟难兄;
宋郊、宋祁俱中元,当时人号为大宋小宋。

【注释】

难弟难兄:此处指东汉陈纪和陈谌兄弟。大宋小宋:大宋,指宋郊;小宋,指宋祁。宋朝人陈录《善诱文·活蚁魁天下》:"比唱第,小宋果中魁选。章献太后临朝,谓弟不可以先兄,乃以大宋郊为第一,小宋祁为第十。"

【译文】

东汉人陈纪和陈谌两兄弟都很有孝德。有一天,他们俩的儿子争论谁的父亲好,最终去找祖父太丘令陈寔裁决。陈寔说:"元方难做兄,季方难做弟。"这话的意思是说两人都好,分不出上下。宋朝人宋郊和宋祁是兄弟,本来是该宋祁中状元。章宪太后说,弟弟的名次怎么可排在兄长前面呢?于是,皇帝赐宋郊状元,将宋祁改为第十名。因为兄弟俩同时中了进士,人们称他们为大宋小宋。

荀氏兄弟得八龙之佳誉,河东伯仲有三凤之美名。

【注释】

八龙:此处指东汉荀淑的八个儿子。详见《后汉书·荀淑传》。三凤:唐朝薛元敬有文学才华,很小就与堂兄薛收及族兄薛德音齐名,当时的人称他们为河东三凤。详见《旧唐书·薛元敬传》。

【译文】

东汉人荀淑有八个儿子,个个都很有才能,当时的人称他们为荀氏八龙;唐朝人薛元敬与堂兄薛收、族兄薛德音三人都有文才,当时的人称他们为河东三凤。

东征破斧,周公大义灭亲;遇贼争死,赵孝以身代弟。

【注释】

东征破斧:周武王消灭商朝后,派弟弟管叔、蔡叔去监督商纣王儿子武庚的封国。管叔、蔡叔与武庚勾结一起发动叛乱,所以周公不得不东征,捉拿管叔和蔡叔,并杀了他们。详见《诗经·豳风·破斧》:"既破我斧,又缺我斨。周公东征,四国是皇。"遇贼争死:是说的东汉赵孝愿替弟赵礼送死这件事。详见《后汉书·赵孝传》。

【译文】

周武王灭掉商朝后,派弟弟管叔鲜和蔡叔度监视纣王儿子武庚的封国。后来,管叔鲜和蔡叔度同武庚一起发动叛乱。周公东征三年,连斧柄都用坏了,最终才平定了这次叛乱。汉朝人赵礼被土匪抓住,将遭杀害时,他哥哥闻讯赶来,请求土匪让他代替弟弟死。土匪被他的义气所感动,最终将兄弟俩都放了。

煮豆燃萁,谓其相害;斗粟尺布,讥其不容。

【译文】

三国·魏国皇帝曹丕为迫害弟弟曹植,令曹植在七步之内作一首诗。曹植略一思考,便作诗:"煮豆燃豆萁,豆在釜中泣。本是同根生,相煎何太急?"后来,人们用煮豆燃萁来比喻兄弟之间相互残害。汉文帝的弟弟淮南王刘长谋反,事败被废,被徙居蜀郡严道县,途中不食而死。民间为此作歌谓:"一尺布,尚可缝;一斗粟,尚可舂。兄弟二人不能相容。"后以"斗粟尺布"形容兄弟之间不能相容。

兄弟阋墙,即兄弟之斗狠;天生羽翼,谓兄弟之相亲。

兄弟阋(xì)墙:指兄弟相争于内。天生羽翼:就像天然生长的羽毛和翅膀一样。据《旧唐书·让皇帝宪传》,唐玄宗给李宪写信说:"昔魏文帝诗:'西山一何高,高出殊无极。上有两仙童,不饮亦不食。赐我一丸药,光耀有五色。服药四五日,身轻生羽翼。'朕每思服药而求羽翼,何如骨肉兄弟天生之羽翼乎?"

【译文】

《诗经》上说"兄弟阋于墙",指兄弟不和,在墙内狠斗;天生羽翼,是唐玄宗写给诸兄弟信中的一句话,说的是服用仙丹生出羽翼,哪如我们兄弟是天生的羽翼呢?他的意思是希望兄弟间相亲和睦,像天生的羽翼。

姜家大被以同眠,宋君灼艾而分痛。

【注释】

大被以同眠:东汉人姜肱生性友爱,与弟弟姜仲海、姜季江都以孝著称。弟兄三人为宽慰母亲的心,常常同被而眠。详见《后汉书·姜肱传》。后世的人于是用大被比喻弟兄友爱。灼艾以分痛:《宋史·太祖纪三》:"太宗尝病亟,帝往视之,亲为灼艾。太宗觉痛,帝亦取艾自灸。"灼艾,燃烧艾绒熏灸人体的穴位,以达到治病的目的。

【译文】

东汉人姜肱兄弟几个相亲相爱,虽然都娶了妻子,仍不忍分开,经常盖一条大被共眠;宋太祖看见兄弟赵光义有病灼艾,十分疼痛,他也灼艾在自己身上,以分担兄弟的痛苦。

田氏分财,忽瘁庭前之荆树;夷齐让国,共采首阳之蕨薇。

【注释】

瘁(cuì):憔悴;枯槁。首阳:山名。相传为伯夷和叔齐采薇隐居的地方。

【译文】

隋朝人田真、田广和田庆兄弟重义,争分堂前的一株紫荆树,议分三片。荆树突然枯死。三人感悟不再分家后,荆树又复活了。伯夷和叔齐是商朝孤竹君的儿子,孤竹君将死时,遗命立叔齐为国君。孤竹君死后,叔齐让出国君之位。伯夷说:父命为尊。叔齐说:天伦为重。于是,他们都逃走了。后来周武王灭掉了商朝,天下宗周,伯夷和叔齐以此为耻,发誓不食周粟,隐居在首阳山,采薇而食,最后都饿死了。

虽曰安宁之日,不如友生;其实凡今之人,莫如兄弟。

【注释】

友生:朋友。详见《诗·小雅·常棣》:"丧乱既平,既安且宁。虽有兄弟,不如友生。"

兄弟:详见《诗·小雅·常棣》:"凡今之人,莫如兄弟。"

【译文】

《诗经》上说,虽然日子平静安宁了,兄弟情分却不如朋友;《诗经》上又说,如今世上的人,朋友都不如兄弟相亲。

师 生

马融设绛帐,前授生徒,后列女乐;
孔子居杏坛,贤人七十,弟子三千。

【注释】

绛帐:详见《后汉书·马融传》:"融常坐高堂,施绛纱帐,前授生徒,后列女乐,弟子以次相传,鲜有入其室者。"后来,人们用绛帐来作为师门、讲席的敬称。杏坛:相传,杏坛为孔子聚徒授业讲学的地方。

【译文】

汉朝大儒马融博学多才,跟他学习的弟子有三千人。马融在家里设有紫色的帷帐,帷帐前坐的是学生,后面却是弹唱的女伶。孔子坐在杏坛上讲学,他有三千学生,其中精通六艺的贤才有七十二人。

师曰西宾,师席曰函丈;学曰家塾,学俸曰束脩。

称教馆曰设帐,又曰振铎;谦教馆曰糊口,又曰舌耕。

【注释】

设帐:此处指设馆授徒,开设学校。振铎:指从事教职,当私塾先生。糊口:吃粥,比喻勉强维持生活,生活艰难。舌耕:古代称以授徒讲学谋生。

【译文】

教馆叫设帐,又叫振铎;教馆的教书先生谦称自己是糊口,又说是舌耕。汉朝人贾逵以教授《左氏春秋》名闻于世,来学的人所交的粟米盈仓,人说贾逵的粟米不是力耕来的,而是舌耕所得。

师曰西宾,师席曰函丈;学曰家塾,学俸曰束脩。

【注释】

西宾:古代宾位在西,所以有西宾的说法,常用来对家塾教师或幕友的敬称。函丈:原意说的是讲学者与听讲者坐席之间相距一丈,后来用来指讲学的坐席。家塾:聘请教师来家教授自己子弟的私塾,有的兼收亲友子弟,也泛指古代地方启蒙学校。束脩:古代入学时敬师的礼物,也指学生致送教师的酬金。

【译文】

教书先生叫西宾,教书先生的讲席叫函丈;在家设学堂授徒叫家塾,教书先生所得的报酬叫束脩。

桃李在公门,称人弟子之多;苜蓿长阑干,奉师饮食之薄。

【注释】

桃李在公门:桃李,比喻栽培的后辈和所教的门生。此处指唐朝人狄仁杰任宰相期间,有政绩,并非常重视举荐贤才。苜蓿长阑干:是形容首蓿菜在盘中纵横交错的样子。后来,用来形容小官吏或塾师生活清苦。此处指唐朝人薛令之当东宫侍读时,因生活待遇差而作诗排遣。

【译文】

唐朝宰相狄仁杰向朝廷举荐的数十人都成为名臣,有人称唐朝宰相狄仁杰是"天下桃李,悉在公门"。后来,人们用"桃李在公门"形容师傅的弟子很多。唐朝人薛令之做东宫侍读时,作诗:"盘中无所有,苜蓿长阑干。"他以此诗抱怨宫中供奉师傅的饮食太菲薄粗劣。

冰生于水而寒于水,比学生过于先生;
青出于蓝而胜于蓝,谓弟子优于师傅。

【注释】

冰生于水而寒于水,比学生过于先生:详见《荀子·劝学》:"青,取之于蓝而青于蓝;冰,水为之而寒于水。"

【译文】

冰是由水凝结而成的,但比水更寒冷,这是比喻学生超过了先生;青蓝色是由蓼蓝提炼出来的,但颜色比蓼蓝更深,这是比喻弟子胜过师傅。

未得及门,曰宫墙外望;称得秘授,曰衣钵真传。

【注释】

及门:进入师门。衣钵:佛家以衣钵为师徒传授的法器,因此,衣钵引申指师传的思想、学问、技能等。

【译文】

未能登门拜师求教,如同在宫墙外窥望宫内一样;得到师傅传授的秘诀,如同小和尚得到师父的衣钵真传一样。

人称杨震为关西夫子,世称贺循为当世儒宗。

【注释】

关西夫子：指汉朝大儒杨震。后来，关西夫子借指大儒。当世儒宗：此处指晋朝人贺循。儒宗，儒者的宗师。汉朝以后，儒宗也泛指为读书人所崇拜和信仰的学者。

【译文】

汉朝大学者杨震精通儒学，从学弟子有千人。因他是华阴人，华阴在函谷关以西，所以人们称他是关西夫子。晋元帝登位时，宗庙制度等都是由贺循制定的，朝廷有难事也都请教他，所以当时的人们称他是当世儒宗。

负笈千里，苏章从师之殷；立雪程门，游杨敬师之至。

【注释】

负笈：背着书箱，比喻背着书箱游学外地。立雪：北宋儒生杨时和游酢(zuò)去见他们的老师程颐，当时正好程颐瞑目久坐，两人侍立不去，等着程颐醒来。程颐醒来时，门外的雪已经超过了一尺。

【译文】

汉朝人苏章背着书箱不远千里寻师，可见他求师的心情有多么殷切。宋朝人游酢和杨时为了求教程颐，在屋外大雪中等候程颐从睡眠中醒来，到程颐醒来时，雪已下有一尺厚了，他们的尊师精神到了极点。

弟子称师之善教，曰如坐春风之中；
学业感师之造成，曰仰沾时雨之化。

【注释】

如坐春风：宋朝人朱熹《伊洛渊源录》卷四："朱公掞见明道于汝州，逾月而归。语人曰：'光庭在春风中坐了一月。'"

【译文】

宋朝人朱光庭在汝州听程颢讲学。回家后，他对人说："我如同在春

风中坐了一个月一样。

风中坐了一个月。"后来,人们用如坐春风来称赞师傅善于教诲。弟子因师傅传授而学业有成便说是仰沾时雨之化。

婚　姻

良缘由夙缔,佳偶自天成。

【注释】

夙:早;早年,向来。缔:缔结,结合。

【译文】

美满的婚缘是前世早就缔结的,好的配偶是上天生成的。

蹇修与柯人,皆是媒妁之号;冰人与掌判,悉是传言之人。

【注释】

蹇(jiǎn)修:传说中伏羲氏的大臣,上古时代的贤者。又一种说法,他是以钟磬声乐为媒使。柯人:详见《诗·豳风·伐柯》:"伐柯如何,匪斧不克。娶妻如何?匪媒不得。"后也称媒人为柯人。冰人:《晋书·艺术传·索𬘡》:"孝廉令狐策梦立冰上,与冰下人语。𬘡曰:'冰上为阳,冰下为阴,阴阳事也。士如归妻,迨冰未泮,婚姻事也。君在冰上与冰下人语,为阳语阴,媒介事也。君当为人作媒,冰泮而婚成。'"后来,人们称媒人为冰人。掌判:媒人。

【译文】

蹇修和柯人都是对媒人的称呼;冰人和掌判是对男女间传话牵线人的称呼。

礼须六礼之周,好合二姓之好。

【注释】

六礼:指古代在确立婚姻过程中的六种礼仪,即纳采、问名、纳吉、纳征、请期、亲迎。二姓：指缔结婚姻的男女两家。

【译文】

婚嫁须有六项程序：纳采、问名、纳吉、纳征、请期、亲迎，这六个程序都完成了才算是礼仪周全，以求两家好合。

女嫁曰于归，男婚曰完娶。

【注释】

于归：出嫁。详见《诗·周南·桃夭》："之子于归，宜其室家。"

【译文】

女子嫁男犹如归家，所以称为于归；男子结婚叫完娶。

婚姻论财，夷虏之道；同姓不婚，《周礼》则然。

【注释】

夷虏：泛称华夏族以外的各民族。

【译文】

结婚计较财利，是夷邦的做法；同姓之间不结婚，《周礼》中有明确的规定。

女家受聘礼，谓之许缨；新妇谒祖先，谓之庙见。

【注释】

缨：彩带，古时女子许嫁时所佩戴的饰物。庙见：古代的婚礼。妇入夫家时，如果公婆已经去世，则要在三个月后到家庙去参拜公婆的神位，称为庙见。

【译文】

女家接受男方的聘礼叫许缨；新婚妻子去男方家庙参拜公婆的灵位叫庙见。

文定纳采,皆为行聘之名;女嫁男婚,谓了子平之愿。

【注释】

文定:此处指订婚。子平:东汉高士向长,字子平。他隐居不出来做官,等到子女婚嫁完毕后,便漫游五岳名山,最后不知所终。

【译文】

文定和纳采都是行聘的称呼。汉朝人向长办完儿女婚嫁的事,说:"我的心愿了却了。"后来,人们称男婚女嫁为"了子平之愿"。

聘仪曰雁币,卜妻曰凤占。

【注释】

雁币:雁与币帛。古代用雁币为聘问或婚嫁时的聘仪。古代婚礼分纳采、问名、纳吉、纳征、请期、亲迎六礼。纳征用币,其余用雁。凤占:为求佳偶而占卜。

【译文】

古代聘礼中必须要有雁和币帛,所以聘仪也称雁币。春秋时齐国大夫懿仲想把女儿嫁给陈敬仲,占卜的卦辞是"凤凰于飞,其鸣锵锵",所以专为娶妻而算卦叫凤占。

成婚之日曰星期,传命之人曰月老。

【注释】

星期:此处特指婚期。月老:神话传说中掌管婚姻的神仙。

【译文】

成婚这一天叫星期,在男女间传话牵线的人叫月老。

下采即是纳币,合卺系是交杯。

合卺(jǐn)：古代婚礼中的一种仪式。剖一瓠为两瓢，新婚夫妇每人拿一瓢，斟酒后喝掉。卺，指所用的酒器，古代多用瓢。交杯：按照古代的旧习俗，举行婚礼时，把两个酒杯用红丝线系在一起，让新婚夫妇交换着喝这两个酒杯里的酒。

【译文】

下采是指纳币，合卺是指喝交杯酒。

执巾栉，奉箕帚，皆女家自谦之词；

娴姆训，习《内则》，皆男家称女之说。

【注释】

执巾栉(zhì)：执，用手拿着；巾栉，巾和梳篦，泛指盥洗用具；用手拿着洗漱用具。奉箕帚：使用簸箕和扫把扫除，此处指操持家内杂务。姆训：女师的训诫。《内则》：《礼记》中的篇名，文中多记载一些与妇道有关的事。

【译文】

执巾栉和奉箕帚都是妇道人家自谦的话；娴姆训和习《内则》，都是男家称赞妇女贤能的话。

绿窗是贫女之室，红楼是富女之居。

【注释】

绿窗和红楼：见唐朝人白居易《秦中吟》："绿窗贫家女，衣上无珍珠。红楼富家女，金缕绣罗襦。"

【译文】

贫家女的居室称为绿窗，富家女的居室谓为红楼。

桃夭谓婚姻之及时，摽梅谓婚期之已过。

桃夭:《诗经·周南·桃夭》赞美男女婚姻当及时,室家必然好,否则只有惋惜。摽梅:《诗·召南·摽有梅》说梅子已经成熟落下,指已经老了,错过了结婚的最佳时机。

【译文】

桃夭表示男女结婚很及时,摽梅表示错过了结婚的好年龄。

御沟题叶,于祐始得宫娥;绣幕牵丝,元振幸获美女。

【注释】

题叶:唐僖宗时,儒士于祐和宫人韩氏红叶题诗传情,后来他们结为夫妇。牵丝:唐朝宰相张嘉贞欲招郭元振为女婿,命令五个女儿各牵一根红丝线在帷幔后,露线头在外面,让郭元振牵其中一根。

【译文】

唐朝有个宫女韩翠萍将诗题在红叶上,放入御沟里漂出宫外,被读书人于祐捡到。于是,于祐也在上面写了一首诗,让红叶漂回宫中。恰巧,这片树叶又被韩翠萍得到。后来,皇帝放宫女出宫出嫁,韩翠萍和于祐结为夫妻。唐朝荆州都督郭元振被宰相张嘉贞看中,想招他为女婿,就让五个女儿各牵着一根红线,站在绣幕后。郭元振牵出谁,谁即为他的妻子。结果,郭元振牵出的是张嘉贞家长得最美的三女儿。于是,她与郭元振结为百年之好。

汉武对景帝论妇,欲将金屋贮娇;
韦固与月老论婚,始知赤绳系足。

【注释】

金屋贮娇:即金屋藏娇,指汉武帝小时声称要用金屋接纳陈阿娇做媳妇的事。赤绳系足:相传,月下老人主司人间的婚姻大事,他的囊中有红色的绳子,在冥冥之中系住男女的脚后,双方就注定会成为夫妇。

【译文】

汉武帝刘彻幼年时,汉景帝刘启曾问他是否想娶媳妇。汉景帝的姐姐馆陶公主指着自己的女儿阿娇问:"阿娇好吗?"刘彻回答说:"如果我娶了阿娇,就用金屋将她藏起来。"唐朝人韦固在月下遇到一位老人。老人说:"我有根红绳,只要系住了男女两人的脚,两人即使是仇家或住在两地,都要成为夫妻,想跑都跑不掉了。"

朱陈一村而结好,秦晋两国以联姻。

【注释】

朱陈:唐朝人白居易《朱陈村》诗:"徐州古丰县,有村曰朱陈……一村唯两姓,世世为婚姻。"后来,人们用朱陈作为两姓联姻的代称。秦晋:春秋时,秦晋两国世为婚姻。

【译文】

唐朝时,徐州古丰县有个朱陈村,村中只有朱陈两姓,两族人世代通婚;春秋时,秦国和晋国世代互相婚嫁,因此联姻又叫结为秦晋之好。

蓝田种玉,雍伯之缘;宝窗选婿,林甫之女。

【注释】

雍伯:应是伯雍,原文有误。

【译文】

《搜神记》中说,杨伯雍因为在蓝田种玉,因此才能用玉璧娶得妻子;唐朝人李林甫将女儿藏在堂壁,让她们透过纱窗选择自己心目中理想的夫婿。

架鹊桥以渡河,牛女相会;射雀屏而中目,唐高得妻。

【注释】

雀屏:详见《旧唐书·后妃传上·高祖太穆皇后窦氏》:"(窦毅)谓长

公主曰:'此女才貌如此,不可妄以许人,当为求贤夫。'乃于门屏画二孔雀,诸公子有求婚者,辄与两箭射之,潜约中目者许之。前后数十辈莫能中。高祖后至,两发各中一目。毅大悦。遂归于我帝。"后来,雀屏成为择婿许婚的典故。

【译文】

在每年七月初七,喜鹊架桥,让牛郎和织女渡过天河去相会。隋朝窦毅有个女儿在屏风上画了一只孔雀,说有能射中孔雀两只眼睛的,才有资格做她的夫婿。结果,李渊射中,娶了她为妻子。李渊后来成为唐朝开国者,被尊称为唐高祖。

至若礼重亲迎,所以正人伦之始;
《诗》首好逑,所以崇王化之原。

【注释】

人伦:封建礼教所规定的人与人之间的关系。王化:天子的教化。

【译文】

古代人特别看重迎亲,是因为夫妇关系是人伦的基础;《诗经》把吟咏"窈窕淑女,君子好逑"的《关雎》放在第一篇,是因为婚姻是王道教化的本原。

衣　服

冠称元服,衣曰身章。

【注释】

元服:指冠。古人称行冠礼为加元服。

【译文】

冠也称为元服,衣服也叫作身章。

曰弁、曰冔、曰冕,皆冠之号;

曰履、曰舄、曰屣,悉鞋之名。

【注释】

弁(biàn):古代贵族的一种帽子,通常穿礼服时戴这种帽子。冔(xú):殷代(商朝)帽子的名称。冕:古代天子、诸侯、卿、大夫等行朝仪和祭礼时所戴的礼帽。冕后来多指皇帝戴的帽子。履:本义为行走,后用来指代鞋。舄(xì):古代一种以木为复底的鞋。多指帝王大臣们穿的鞋。屣(xǐ):一般的鞋。

【译文】

弁、冔和冕都是冠的名称;履、舄和屣都是鞋的名称。

上公命服有九锡,士人初冠有三加。

【注释】

九锡:古代天子赐给诸侯、大臣的九种器物,是一种最高级别的礼遇。三加:古代男子行加冠礼,开始加的是缁布冠,第二次加的是皮弁,第三次加的是爵冠,合称三加。

【译文】

古代皇帝赐给三公的九件器物:车马、衣服、乐县、朱户、纳陛、虎贲、弓矢、斧钺、秬鬯,称为九锡;古代男子行加冠礼,有三加,即加布冠、加皮弁、加爵冠。

簪缨缙绅,仕宦之称;章甫缝掖,儒者之服。

【注释】

簪缨(zān yīng):古代官吏的冠饰。后来用以比喻显贵的人。缙绅:章甫:商朝时的一种冠。称它是儒生的帽子。缝掖:大袖单衣,古代儒生穿的衣服。

【译文】

簪缨和缙绅都是官吏穿的服饰;章甫和缝掖都是读书人穿的服饰。

布衣即白丁之谓,青衿乃生员之称。

【注释】

布衣:布制的衣服,常用来借指平民。青衿:青色交领的长衫,古代学子和明清秀才的常服,用来借指秀才。

【译文】

布衣原是平头百姓穿的衣服,后用来指代没功名的人。青衿原是学子和秀才常穿的青色衣领衫,后用来指代秀才和没有官职的读书人。

葛屦履霜,诮俭啬之过甚;绿衣黄里,讥贵贱之失伦。

【注释】

葛屦(jù):即用葛草编成的鞋。绿衣黄里:古时以黄色为正色,绿色为闲色。绿衣黄里用来比喻尊卑反置,贵贱颠倒。

【译文】

如果一个人冬天还穿着夏天用葛草做的鞋,就会被人讥笑太吝啬;如果一个人将绿色衣服穿在外面,而将黄色衣服穿在里面,就会被人讥笑贵贱颠倒。

上服曰衣,下服曰裳;衣前曰襟,衣后曰裾。

【译文】

上装叫衣,下装叫裳;衣的前面叫襟,衣的后面叫裾。

敝衣曰褴褛,美服曰华裾。

【注释】

褴褛:形容衣服破烂。华裾:指漂亮华丽的衣服。

【译文】

破烂的衣服叫褴褛,漂亮、华丽的衣服叫华裾。

襁褓乃小儿之衣,弁髦亦小儿之饰。

【注释】
襁褓:原意指背负婴儿用的宽带和包裹婴儿的被子,后来泛指婴儿包。弁髦:弁,黑色布帽;髦,童子眉际垂发。
【译文】
襁褓是婴幼儿穿的衣服,弁髦是婴幼儿的头饰。

左衽是夷狄之服,短后是武夫之衣。

【注释】
左衽(rèn):古代某些少数民族的服装,前襟向左掩,异于中原居民穿的右衽。短后:即后幅较短的上衣,便于活动,是武士常穿的一种衣服。
【译文】
衣襟在左边的,是胡夷少数民族人穿的衣服样式;后裾较短的衣服是武士常穿的。

尊卑失序,如冠履倒置;富贵不归,如锦衣夜行。

【注释】
锦衣夜行:原意是穿了锦绣衣裳在夜间出行,常用来比喻人虽居官位却不能使别人看到自己的荣耀显贵。
【译文】
人的尊卑失去了次序,如同帽子在下、鞋在上倒置了一样;人富贵了不回故乡,如同穿着华丽的锦衣在夜里行走,根本没人知道。

狐裘三十年,俭称晏子;锦帐四十里,富羡石崇。

【注释】
狐裘:即用狐皮制的外衣。

【译文】

春秋时,齐国人晏婴的一件狐裘皮衣穿了三十年,他的俭朴令人称赞。晋朝富翁石崇的锦帐有四十里长,他的豪富令人羡慕。

孟尝君珠履三千客,牛僧孺金钗十二行。

【注释】

珠履:装饰有珍珠的鞋。

【译文】

春秋时,齐国孟尝君门下食客三千人,个个都穿着装饰有珍珠的鞋。唐朝宰相牛僧孺家戴有金钗的宠妾成群,白居易有诗说牛僧孺家"金钗十二行"。

千金之裘,非一狐之腋;绮罗之辈,非养蚕之人。

【注释】

一狐之腋:此处指一只狐狸腋下的皮毛。常用来指少量的皮毛或珍贵的皮毛。绮罗之辈:意思指穿着华贵丝绸衣服的人。

【译文】

价值千金的皮裘不是一只狐狸的腋皮就能做成的;身穿绫罗绸缎的人一定不是养蚕的人。

贵者重裀叠褥,贫者裋褐不完。

【注释】

重裀(yīn):此处指双层坐卧垫褥。裋(shù)褐:粗陋布衣。古代贫贱的人多穿这种衣服。

【译文】

在富贵人家,座上的坐垫一重又一重,床上的褥子一叠又一叠;在贫寒人家,穿的粗布衣服都是破烂不全的。

卜子夏甚贫,鹑衣百结;公孙弘甚俭,布被十年。

【注释】

鹑衣:指破烂的衣服。鹑尾秃,所以有这样的说法。

【译文】

孔子的弟子子夏家里很贫穷,穿的破旧衣服上面打满了补丁。西汉博士公孙弘很俭朴,一床布被竟然用了十年。

南州冠冕,德操称庞统之迈众;
三河领袖,崔浩羡裴骏之超群。

【注释】

南州冠冕:指南方人才中杰出的人。三河领袖:北魏人崔浩称赞裴骏的话。

【译文】

南州冠冕是三国名士司马徽称赞庞统才智出众的赞辞;三河领袖是北魏司徒崔浩羡慕裴骏才华超群的用语。

虞舜制衣裳,所以命有德;昭侯藏敝裤,所以待有功。

【注释】

敝裤:指破旧的裤子。

【译文】

舜制作衣服是为了表彰有德行的人。战国时,韩昭侯把自己的旧裤子收起来,是为了等机会赏赐给有功的臣子。

唐文宗袖经三浣,晋文公衣不重裘。

【注释】

三浣:三,表示多的意思,浣,洗的意思,三浣就是洗过多次的意思。

卷二

重裘:此处指厚毛皮衣。

【译文】

唐文宗曾对群臣说自己穿的衣服已洗过多次了,以示节俭。春秋时,晋文公从不穿厚毛皮衣,以倡俭朴。

衣履不敝,不肯更为,世称尧帝;
衣不经新,何由得故,妇劝桓冲。

【注释】

更为:更换。

【译文】

如果不是破得不能穿,尧就不肯更换衣服和鞋。世人都称赞尧有俭朴的作风。不穿新衣,哪有旧衣呢?这是晋朝大将桓冲的妻子劝他穿新衣的话。

王氏之眉贴花钿,被韦固之剑所刺;
贵妃之乳服诃子,为禄山之爪所伤。

【注释】

花钿(diàn):指用金翠珠宝制成的花形首饰。诃(hē)子:古代妇女类似抹胸之类的饰物。详见宋朝人高承的《事物纪原·衣裘带服·诃子》:"本自唐明皇杨贵妃作之,以为饰物。贵妃私安禄山,以后颇无礼,因狂悖,指爪伤贵妃胸乳间,遂作诃子之饰以蔽之。"

【译文】

唐朝人韦固的妻子眉间贴着花钿,那是为了遮盖幼时被韦固剑误伤的伤疤。唐朝杨贵妃穿着诃子,那是为了掩盖她和安禄山私通时,乳房被安禄山用手抓伤的伤痕。

姜氏翕和,兄弟每宵同大被;王章未遇,夫妻寒夜卧牛衣。

翕(xī)和：融洽；和睦。牛衣：供牛御寒用的披盖物，如蓑衣之类。

【译文】

汉朝人姜肱兄弟和睦，每晚都同盖一条大被而眠；汉朝人王章未得志前，家里很贫穷，在寒夜，夫妻睡在盖牛用的草帘子上。

缓带轻裘，羊叔子乃斯文主将；

葛巾野服，陶渊明真陆地神仙。

【注释】

缓带轻裘：宽松的衣带，轻暖的皮衣。葛巾野服：葛巾，指用葛布制成的头巾。野服：指村野平民穿的衣服。

【译文】

晋国大将羊祜（字叔子）镇守襄阳时，经常身不披甲，轻裘宽带，悠游在山水亭阁之间，人们称他为斯文主将。晋朝人陶潜（字渊明）辞官归隐后，经常头戴葛巾，身穿村野平民常常穿的那种衣服，对着菊花饮酒，人们称他为陆地神仙。

服之不衷，身之灾也；缊袍不耻，志独超欤。

【注释】

不衷：此处指不合适、不恰当的意思。缊袍不耻：即不以穿缊袍为耻的意思。缊袍，用乱麻或者乱棉絮成的袍子，指古代贫苦人穿的衣服。虽然穿得很破，而不认为这丢脸。缊袍不耻常用来形容人穷志不穷。欤（yú）：语气词，表示感叹。

【译文】

衣服穿着不适宜，这是身体的灾难。穿着旧袍子而不觉得羞耻，这个人的志向一定超凡。

卷 三

饮 食

甘脆肥脓,命曰腐肠之药;羹藜含糗,难语太牢之滋。

【注释】

甘脆:此处指代美味佳肴。肥脓:此处指厚味浓味的美食。详见《文选·枚乘(七发)》:"甘脆肥脓,命曰腐肠之药。"羹藜(gēng lí)含糗(qiǔ):羹藜,指煮野菜羹,此处泛指饮食粗劣。糗,炒熟的米麦。此处也泛指干粮。太牢:古代祭祀,牛羊豕三牲具备谓为太牢,此处指牛肉、羊肉、猪肉。

【译文】

甘甜酥脆、肥美浓醇的食物都是腐烂肠胃的毒药;喝野菜羹和吃干粮的人,很难说出牛肉、羊肉和猪肉的滋味儿。

御食曰珍馐,白米曰玉粒。

【注释】

珍馐(xiū):指珍美的佳肴。玉粒:详见《博物志》:"归州有米田,屈原耕此,产白米似玉。"

【译文】

皇帝吃的食物叫作珍馐,白米叫作玉粒。

好酒曰青州从事,次酒曰平原督邮。

好酒曰青州从事,次酒曰平原督邮:详见《世说新语·术解》:"晋桓温有主簿善别酒,有酒辄令先尝,好者谓'青州从事',恶者谓'平原督邮'。青州有齐郡,平原有鬲县,从事言到脐,督邮言在鬲上住。"青州有齐郡,齐与脐音同,好酒直到脐下。平原有鬲县,鬲和膈音同,次酒只能到膈上。

【译文】

好酒称之为青州从事,劣酒称之为平原督邮。

鲁酒、茅柴,皆为薄酒;龙团、雀舌,尽是香茗。

【注释】

鲁酒:此处指鲁国出产的酒,味淡薄。后来,鲁酒指代薄酒和淡酒。北周人庾信的《哀江南赋》序:"楚歌非取乐之方,鲁酒无忘忧之用。"茅柴:即茅柴酒,农村酿的薄酒。龙团:宋朝的贡茶名。这种茶是饼状,上有龙纹,所以称为龙团。雀舌:茶名,是一种以嫩芽焙制的上等茶。

【译文】

鲁酒和茅柴都是味道淡薄的酒。龙团和雀舌都是上等的名茶。

待人礼衰,曰醴酒不设;款客甚薄,曰脱粟相留。

【注释】

醴酒不设:不再特别准备甜酒,指对人的礼敬渐渐减弱。脱粟:此处指代糙米。

【译文】

对客人怠慢,称之为醴酒不设。招待客人不周,称之为脱粟相留。

竹叶青、状元红,俱为美酒;葡萄绿、珍珠红,悉是香醪。

竹叶青:酒名,含酒精少,酒味醇美;也指不经焦糖着色的一种绍兴原酒。状元红:原名龙泉红。到清代雍正年间,下令凡考中状元者,必以龙泉红宴请宾朋,后来便改龙泉红为状元红。葡萄绿:美酒名。珍珠红:美酒名。

【译文】

竹叶青和状元红都是美酒。葡萄绿和珍珠红都是醇酒。

五斗解酲,刘伶独溺于酒;两腋生风,卢仝偏嗜乎茶。

【注释】

五斗解酲(chéng):此处指大量饮酒才能解除酒病。两腋生风:唐朝诗人卢仝嗜茶,在品茶七道后,写下了传颂千古的《茶歌》:"五碗肌骨清,六碗通仙灵,七碗吃不得,唯觉两腋,习习清风生。"

【译文】

喝五斗酒才能戒除嗜酒的毛病,这是晋朝人刘伶沉溺于酒中说的话。唐朝人卢仝嗜好品茶,曾作歌说:"唯觉两腋,习习清风生。"

茶曰酪奴,又曰瑞草;米曰白粲,又曰长腰。

【注释】

酪奴:茶的别名。详见北魏人杨衒之额《洛阳伽蓝记·正觉寺》:"羊比齐、鲁大邦,鱼比邾、莒小国。惟茗不中,与酪作奴,彭城王重谓曰:'卿明日顾我,为卿设邾、莒之食,亦有酪奴。'因此复号茗饮为酪奴。"瑞草:古代人认为吉祥的草,也可代指茶。长腰:此处指长腰米。

【译文】

茶的别名叫酪奴,又名瑞草。米的别名叫白粲,又叫长腰。

太羹玄酒,亦可荐馨;尘饭涂羹,焉能充饿。

太羹(gēng):不调五味的肉汁。玄酒:古代祭礼中当酒用的清水。

【译文】

肉汁和清水也可以用来供奉神灵;用尘土当饭,泥水作羹,人怎么能拿它们来充饥呢?

酒系杜康所造,腐乃淮南所为。

【注释】

杜康:传说中发明酒的人。详见《书·酒诰》孔颖达疏引《世本》:“杜康造酒。”淮南:此处指西汉淮南王刘安。刘安喜欢黄白之术,曾经召集道士、儒士、郎中以及江湖方术之士一起炼丹制药,最著名的有苏非、李尚、田由、雷被、伍被、晋昌、毛被和左吴,他们号称八公。在寿春北山筑炉炼丹时,他们一个偶尔的机会发明了豆腐。所以,刘安被尊为豆腐鼻祖,八公山也因此得名。

【译文】

酒是古代杜康所发明的,豆腐是汉朝淮南王刘安所发明的。

僧谓鱼曰水梭花,僧谓鸡曰穿篱菜。

【注释】

水梭花:指代鱼。僧人素食,讳言荤腥的名字,因鱼往来水中,形似穿梭,所以僧人称鱼为水梭花。钻篱菜:僧人对鸡的称呼。

【译文】

僧人称鱼为水梭花,称鸡为穿篱菜。

临渊羡鱼,不如退而结网;扬汤止沸,不如去火抽薪。

【注释】

扬汤止沸:把锅里开着的水舀起来再倒回去,使它凉下来不沸腾。

站在水边羡慕别人捕捉到鱼,还不如赶快回去织网来打捞。把沸腾的水扬起以降温,还不如抽去火中柴薪,把火灭掉。

羔酒自劳,田家之乐;含哺鼓腹,盛世之风。

【注释】

含哺鼓腹:口含食物,饱食挺腹。详见《庄子·马蹄》:"夫赫胥氏之时,民居不知所为,不知所之,含哺而熙,鼓腹而游,民能以此矣。"后来用于形容人过着安乐的生活。

【译文】

用羊羔和美酒犒劳自己,这是农家最大的乐趣。拍打吃饱鼓起的肚子,只有太平盛世才能形成这样的风俗。

人贪食曰徒铺啜,食不敬曰嗟来食。

【注释】

徒铺啜:吃喝。嗟来食:原意是可怜他人饥饿,呼叫他来吃饭。后来多指侮辱性的施舍。

【译文】

人贪食叫作徒铺啜,傲慢地施舍别人食物叫作嗟来食。

多食不厌,谓之饕餮之徒;见食垂涎,谓有欲炙之色。

【注释】

饕餮(tāo tiè):此处指贪吃的人。炙,此处指烤熟的肉食。

【译文】

贪吃没穷尽的人称之为饕餮之徒;看见食物就流口水称之为有欲炙之色。

未获同食,曰向隅;谢人赐食,曰饱德。

【注释】

向隅:面对着墙角。详见汉朝人刘向的《说苑·贵德》:"今有满堂饮酒者,有一人独索然向隅而泣,则一堂之人皆不乐矣。"后来向隅比喻人孤独失意或不得机遇而失望。饱德:饱受恩德。

【译文】

未获得与众人一起吃饭的资格称之为向隅;感谢别人赐给食物时要说饱德。

安步可以当车,晚食可以当肉。

【注释】

安步可以当车:缓缓步行也能像乘坐马车那样舒适。晚食:晚一点吃饭。

【译文】

缓步行走也可以像坐车一样轻松舒适。晚一点,等肚子饿了再吃饭,吃什么都如同吃肉一样有滋味儿。

饮食贫难,曰半菽不饱;厚恩图报,曰每饭不忘。

【注释】

半菽(shū):谓半菜半粮,指粗劣的饭食。每饭不忘:《史记·张释之冯唐列传》:"文帝曰:'吾居代时,吾尚食监高袪数为我言赵将李齐之贤,战于钜鹿下。今吾每饭,意未尝不在钜鹿也。'"后以"每饭不忘"谓时刻不忘。

【译文】

吃饭贫穷困难,叫"半菽不饱";时刻记挂着报答别人的厚恩,叫"每饭不忘"。

谢扰人曰兵厨之扰,谦待薄曰草具之陈。

兵厨:三国时魏国人阮籍听说步兵校尉的厨师那里储存数百斛美酒,军营里的人善于酿酒,就要求自己去当校尉。草具:粗劣地用草做的器具,此处指粗劣的饭食。

【译文】

感谢打扰别人为自己设宴款待时要说兵厨之扰;谦称自己待客不周时要说草具之陈。

白饭青刍,待仆马之厚;炊金爨玉,谢款客之隆。

【注释】

白饭:即白米饭。青刍(chú):新鲜的草料。炊金爨(cuàn)玉:原意指用金玉做饭。比喻饮食珍贵,待客热情。爨,此处指烧火做饭。

【译文】

白饭青刍是指看重客人的奴仆和马。炊金爨玉是感谢主人待客的宴席隆重豪奢的说辞。

家贫待客,但知抹月批风;冬月邀宾,乃云敲冰煮茗。

【注释】

抹月批风:自谦家贫无可待客的戏言,即用风月当菜肴。

【译文】

抹月批风是自谦之辞,意思是家境贫穷没什么好东西待客,只好陪着客人站在窗前披着清风赏月。敲冰煮茗讲的是六朝时王休隐居太白山,冬天用冰块煮茶招待客人。

幼学琼林

君侧元臣,若作酒醴之曲蘖;朝中冢宰,若作和羹之盐梅。

96

曲蘖:即酒曲。盐梅:盐和梅子。盐的味儿咸,梅的味儿酸,都是调味儿所需。也用来比喻国家所需的贤才。

【译文】

君主身边的大臣就如同酿酒的酒曲一样不可缺少。朝中的宰相就如同做羹时调味的盐和梅一样不可缺少。

宰肉甚均,陈平见重于父老;戛羹示尽,邱嫂心厌乎汉高。

【注释】

陈平:西汉王朝的开国功臣,阳武(河南原阳东南)人,在白登山之围时立有大功。戛羹示尽,邱嫂心厌乎汉高:详见《史记·楚元王世家》。后来,人们称嫂为戛羹。

【译文】

汉朝宰相陈平在社日分肉非常公平均匀,父老乡亲们都很敬重他。汉高祖刘邦未发迹时在邱嫂家吃饭,邱嫂很讨厌他,敲打汤锅表示汤羹已喝完。

毕卓为吏部而盗酒,逸兴太豪;
越王爱士卒而投醪,战气百倍。

【译文】

晋朝人毕卓嗜好喝酒,身为礼部侍郎却去邻居家偷酒喝,这样的酒兴真的有点过分;春秋时,越王勾践爱护士兵,他把酒倒在河上游,让士兵同饮,顿时士气大振。

惩羹吹齑,谓人惩前警后;酒囊饭袋,谓人少学多餐。

【注释】

惩羹吹齑(jī):人被滚汤烫过,以后吃冷菜也习惯性地吹一下。羹,此处指滚热的汤;斋,细切的肉菜,此处指冷食品。人们用来比喻戒惧的过分。

【译文】

曾被热汤烫过嘴的人,后来连吃冷食时也要用嘴吹一吹,这是惩前警后。酒囊饭袋指的是那些没有学问,只知道吃喝玩乐的人。

隐逸之士,漱石枕流;沉湎之夫,藉糟枕曲。

【注释】

漱石枕流:详见南朝·宋朝人刘义庆的《世说新语·排调》:"孙子荆年少时,欲隐。语王武子'当枕石漱流',误曰'漱石枕流'。王曰:'流可枕,石可漱乎?'孙曰:'所以枕流,欲洗其耳;所以漱石,欲砺其齿。'"漱石枕流后来指代隐居生活。藉糟枕曲:枕着酒曲,垫着酒糟。这里指嗜酒如命的人。

【译文】

晋朝人孙楚隐居山间,用石子漱口,用流水当枕头,以示自己的清高。晋朝人刘伶整日沉溺于酒中,坐卧在酒糟上,头枕在酒曲上,嗜酒如命。

昏庸桀纣,胡为酒池肉林;苦学仲淹,惟有断斋画粥。

【注释】

酒池肉林:传说,商纣王以酒为池,以肉为林,长夜饮乐。断斋画粥:此处指贫苦但努力读书的人。

【译文】

昏庸的夏桀和纣王荒淫奢侈无度,作酒池和肉林取乐。宋人范仲淹少时孤贫,在僧庙读书,常常将粥待冷凝后分成数份,把咸菜切成数十块,分几次食用,以节省时间读书。

珍 宝

山川之精英,每泄为至宝;乾坤之瑞气,恒结为奇珍。

故玉足以庇嘉谷,珠可以御火灾。

【注释】

嘉谷:古人认为粟是嘉谷,用粟作为五谷的总称。

【译文】

山川之间蕴藏的精华泄露出来后就成为至宝。天地间的瑞气,如果凝结起来就成为奇珍。所以,宝玉可以庇护五谷,珍珠可以防御火灾。

鱼目岂可混珠,砆砆焉能乱玉。

【注释】

砆砆(wǔ fū):一种看起来像玉的石头。

【译文】

鱼目虽然明亮,但怎么能混同于珍珠呢? 砆砆虽然很像玉,但怎么能乱真,充当真玉呢?

黄金生于丽水,白银出自朱提。

【注释】

丽水:此处指金沙江,那里出产金沙。朱提:朱提山,在四川西部,那里出产白银。

【译文】

黄金来自丽水。白银产于朱提山。

曰孔方、曰家兄,俱为钱号;曰青蚨、曰鹅眼,亦是钱名。

【注释】

孔方:钱的戏谑称谓。古时的铜钱外圆,中有方孔,所以称钱为孔方。家兄:借指金钱。钱别号孔方兄,所以有此称。青蚨:《搜神记》中记载的一种虫子。据说捉住母虫,子虫就飞来,捉住子虫,母虫就飞来,将母虫和子虫的血涂在八十一文钱上，无论是先用母钱或先用子钱，都会飞回来。

鹅眼：宋朝人沈庆通家私铸的钱，一千文穿起来还不到三寸长，质地较劣。

【译文】

孔方和家兄都是钱的别号。青蚨和鹅眼也是钱的名称。

可贵者明月夜光之珠，可珍者璠玙琬琰之玉。

【注释】

璠玙(fán yú)、琬琰(wǎn yǎn)：都是美玉的名称。

【译文】

最珍贵的东西是明月珠和夜光珠。最珍奇的东西是璠玙玉和琬琰玉。

宋人以燕石为玉，什袭缇巾之中；
楚王以璞玉为石，两刖卞和之足。

【注释】

什袭：重重包裹，意思说郑重地珍藏。什通十。缇(tī)巾：指橘红色的丝巾。刖(yuè)：砍掉脚或脚趾。古代的一种酷刑。

【译文】

春秋时，宋国人得到一块燕石，以为是宝玉，便用红色的丝巾层层裹藏起来。楚国人卞和得到一块未开凿的宝石，先后献给楚厉王和楚武王，但都被他们认为是假的，楚厉王砍掉了卞和的左脚，楚武王又砍掉了他的右脚。

惠王之珠，光能照乘；和氏之璧，价重连城。

【注释】

惠王：此处指战国时的魏惠王。他曾吹嘘他有能照亮前后十二乘车的玉。

战国时,魏惠王有宝珠,光亮能照见前后十二辆车。赵惠王得到和氏璧后,秦昭王愿用十五座城来换取它,可见其价值连城。

鲛人泣泪成珠,宋人削玉为楮。

【注释】

鲛(jiāo)人:神话传说中的人鱼。

【译文】

《博物志》上说,居住在海底的人鱼哭出来的眼泪能变成珠宝。宋国有人将玉削成楮叶形,混在楮叶中,让人真假难辨。

贤乃国家之宝,儒为席上之珍。

【注释】

儒:指读书人。

【译文】

贤臣好比是国家的瑰宝。读书人好比是宴席上的珍馐。

王者聘贤,束帛加璧;真儒抱道,怀瑾握瑜。

【注释】

束帛:即捆为一束的五匹帛,古人用它作聘问或者馈赠的礼物。瑾、瑜:指是美玉的一种。

【译文】

君王聘请有贤能的人时,要送上成束的锦帛,还要加上璧玉。读书人守着修身治国平天下之道,要如怀揣美玉一样。

雍伯多缘,种玉于蓝田而得美妇;
太公奇遇,钓璜于渭水而遇文王。

【注释】

雍伯:当作伯雍,指晋朝人杨伯雍。《搜神记》中说,杨伯雍因为在蓝田种玉,因此才能用玉璧娶得妻子。太公:即姜子牙。

【译文】

晋朝人杨伯雍将仙人送给他的石子种在蓝田,结果得到一块宝玉,他用这块宝玉娶了一个妻子。姜太公在渭水钓到一条鲤鱼,鱼肚里有一块璜玉,上有"周受命,吕佐之"等字样。后来,姜太公果真遇到周文王请他辅政。

剖腹藏珠,爱财而不爱命;缠头作锦,助舞而更助娇。

【注释】

剖腹藏珠:比喻人极度自私或惜物过甚。缠头:古代歌舞艺人表演完毕后,观看的人常用罗锦作为礼物相赠送,称为缠头。

【译文】

西域商人得到美珠后,剖腹将它藏在肚子里,这真是爱财胜过爱命。用锦缎缠头跳舞,不仅能助舞兴,还能生出许多娇媚的姿态。

孟尝廉洁,克俾合浦还珠;相如忠勇,能使秦廷归璧。

【注释】

克俾(bǐ):此处为能够使的意思。

【译文】

东汉时,广东合浦产玉,因遇到贪官,那些珠玉都跑到别的地方去了。后来,孟尝当了合浦太守,廉洁奉公,革除前弊,那些珠玉又都回到了合浦。春秋时,赵国宰相蔺相如忠勇有谋,能将被秦昭王骗去的和氏璧骗回来,归还给赵国。

玉钗作燕飞,汉宫之异事;金钱成蝶舞,唐库之奇传。

玉钗作燕飞：汉武帝得到两个仙女赠送的玉钗。他送给了宠妾赵婕妤。宫人想打碎玉钗，结果玉钗变成白燕飞天而去。金钱成蝶舞：唐穆宗时，宫中牡丹花开放，有黄色的、白色的蝴蝶数万在花间飞舞。唐穆宗命令人张网捕捉，得到数百只，仔细一看，发现原来是府库的金钱。

【译文】

玉钗化为燕子飞去，这是汉朝宫中的怪事。金钱变作蝴蝶飞舞，这是唐朝国库的传奇故事。

广钱固可以通神，营利乃为鬼所笑。

【注释】

广钱：此处指很多钱。

【译文】

唐朝人张延赏办案时，有人送他十万贯钱收买他。他说："钱十万，可通神，我怕带来灾祸。"于是，他把案子停办了。南朝·宋朝人刘伯龙虽在朝廷内外做官，家里仍很清贫。有一次，他想经营一毛之利的生意，见旁边一个鬼在拍手大笑。他叹息说："我贫穷是命定的啊！今天的事被鬼取笑了。"

以小致大，谓之抛砖引玉；不知所贵，谓之买椟还珠。

【注释】

抛砖引玉：常用来以浅拙引出高明的谦辞。买椟还珠：楚国有人用精美的木匣装着珍珠卖，郑国有一个人买走了匣子，将匣中的珍珠还给了他。后来用来比喻舍本逐末，取舍不当。

【译文】

以小的引来大的称之为抛砖引玉；不知物件的贵重而取舍不当称之为买椟还珠。

贤否罹害,如玉石俱焚;贪婪无厌,虽锱铢必算。

【注释】

罹(lí):遭受的意思。锱铢(zī zhū):极小的重量单位,一起连用表示极小的东西。

【译文】

好人与坏人一起蒙受祸害就如同美玉与石头一同被焚毁一样。贪得无厌的人连一丝一毫的钱财也会计较的。

崔烈以钱买官,人皆恶其铜臭;

秦嫂不敢视叔,自言畏其多金。

【注释】

铜臭(xiù):用来讥讽用钱买官或豪富的人。

【译文】

汉朝人崔烈是冀州名士,拿钱买了个司徒的职位。他儿子告诉他说:"现在,人家都嫌你身上有铜臭味儿。"战国人苏秦未当官时,他嫂子不给他做饭吃。苏秦当了赵国丞相后,嫂子愧而不敢看他一眼。苏秦问道:"嫂子为何前倨傲而后自卑呢?"他嫂子回答说:"因为您现在位尊而钱多。"

熊衮父亡,天乃雨钱助葬;仲儒家窘,天乃雨金济贫。

【注释】

熊衮:唐朝的御史大夫,因廉洁自律,他家无余财,父亡而不能葬,上天降下十万钱,助其葬父。仲儒:汉朝人翁仲儒家贫,上天降下十斛金来周济他。

【译文】

熊衮父亲死了,天上降下钱来帮助熊衮办理丧事。翁仲儒家境窘迫,天上落下金子救济他。

汉杨震畏四知而辞金,唐太宗因惩贪而赐绢。

【注释】

汉杨震畏四知而辞金:汉朝人杨震举荐王密为县令。王密深夜送他十斤黄金,说此事夜里无人知。杨震说:"天知地知你知我知,怎么叫无人知呢?"他拒绝了王密的馈赠。唐太宗因惩贪而赐绢:唐太宗时,长孙顺德接受他人贿赂的绢帛。唐太宗知道后,又赐他十匹绢帛。有人问唐太宗为什么这样做。唐太宗说:"他有人性,得绢帛后感到的耻辱,比受刑还难受。"长孙顺德果然羞愧难当。

【译文】

汉朝人杨震借口天知地知你知我知而推脱不接受别人的贿赂。唐太宗为惩治贪污,故意赐给受贿人绢帛。

晋鲁褒作《钱神论》,尝以钱为孔方兄;
王夷甫口不言钱,乃谓钱为阿堵物。

【注释】

阿堵物:详见《世说新语·规箴》:"王夷甫雅尚玄远,常嫉其妇贪浊,口未尝言钱字。妇欲试之,令婢以钱绕床不得行。夷甫晨起,呼婢曰:'举却阿堵物。'"阿堵物代指钱。

【译文】

晋朝人鲁褒作《钱神论》,称钱为孔方兄。王夷甫口中不说钱字,称钱为阿堵物。

然而床头金尽,壮士无颜;囊内钱空,阮郎羞涩。

【注释】

阮郎羞涩:晋朝人阮孚带一个布囊游会稽时,有人问他包中何物。阮孚说:"只有一文钱看包,恐怕它会羞涩。"

然而,古诗中说:"床头黄金尽,壮士无颜色。"真要是身上分文没有,大丈夫脸上也没有光彩,没有任何底气。晋朝人阮孚囊中无钱,略觉羞愧。

但匹夫不可怀璧,人生孰不爱财。

【注释】

匹夫:泛指平民百姓。

【译文】

平常百姓不要私藏璧玉,以免引来灾祸。可是,人生又有谁不爱财呢?

贫 富

命之修短有数,人之富贵在天。

【注释】

修短:长短,此处指人的寿命长短。

【译文】

人的生命长短有一定气数。人的富贵贫贱在于天命。

惟君子安贫,达人知命。

【注释】

达人:此处指通达事理的人。

【译文】

唯有君子能安于贫困而不铤而走险,只有通达事理的人才能了解自己的命运。

贯朽粟陈，称羡财多之谓；紫标黄榜，封记钱库之名。

【注释】

贯朽：此处指穿钱的绳子朽烂断掉了。说明积钱多而经久不用。紫标：紫色的标签。黄榜：黄色的标签。

【译文】

贯朽粟陈是美慕人家财多的话。紫标和黄榜都是封闭钱库的标记。

贪爱钱物，谓之钱愚；好置田宅，谓之地癖。

【注释】

钱愚：晋朝人和峤担任太傅时，富比王侯，却很吝啬，杜预称他为钱愚。地癖：唐朝人李恺善于置办田产，人称他是地癖。

【译文】

贪爱钱物的人称之为钱愚。爱置买田宅的人称之为地癖。

守钱虏，讥蓄财而不散；落魄夫，谓失业之无依。

【注释】

守钱虏：汉朝人马援发达后，将他的钱财赠予亲朋好友，说："挣了钱，贵在能施舍予人，否则只是守钱虏罢了。"

【译文】

守钱虏是讽刺积财却不肯施舍的吝啬鬼。落魄夫指那些贫困失业、生活无依靠的人。

贫者地无立锥，富者田连阡陌。

【注释】

阡陌：此处指田界。

卷三

贫穷的人连锥尖大的土地都没有。富有的人田间道路纵横,连成一片。

室如悬磬,言其甚窘;家无儋石,谓其极贫。

【注释】

悬磬:磬,乐器,很光滑。悬磬形容空无所有,极度贫困。儋(dàn)石:儋受一石,故称儋石。儋,通"担"。也借指少量米粟。

【译文】

室如悬磬形容家境极其窘困。家无儋石形容家无积粮,极其贫困。

无米曰在陈,守死曰待毙。

【注释】

在陈:详见《论语·卫灵公》:"(孔子)在陈绝粮,从者病,莫能兴。"在陈指代人陷入饥贫等困境中。

【译文】

没有米粮称之为在陈。等死称之为待毙。

富足曰殷实,命蹇曰数奇。

【注释】

蹇(jiǎn):六十四卦之一,困苦、困厄的意思。数奇:指命运不好,遇事多不顺利。

【译文】

家财富裕充足称之为殷实。命运不佳、遇事不顺称之为数奇。

苏涸鲋,乃济人之急;呼庚癸,是乞人之粮。

苏涸鲋:使干涸的鲋鱼苏醒。庚癸:古代军中隐语。意思指告贷粮食。

苏涸鲋比喻救助身陷困境的人。呼庚癸是乞讨粮食的隐语。

家徒壁立,司马相如之贫;扊扅为炊,秦百里奚之苦。

家徒壁立:家中贫穷,一无所有的意思。扊扅(yǎn yí):门闩。

家徒壁立指汉朝司马相如贫困时的情况。扊扅为炊指秦国丞相百里奚当初生活极为贫苦。

鹄形菜色,皆穷民饥饿之形;炊骨爨骸,谓军中乏粮之惨。

鹄形菜色:鹄,天鹅,面瘦颈长。鹄形,指人枯瘦的样子。菜色,此处指人营养不良时的脸色。炊骨爨(cuàn)骸:用死人骸骨做饭。

鹄形菜色是穷人饥饿时的形象。炊骨爨骸用来形容军中无粮的惨状。

饿死留君臣之义,伯夷叔齐;资财敌王公之富,陶朱猗顿。

伯夷叔齐:伯夷和叔齐是商朝孤竹君的儿子,孤竹君将死时,遗命立叔齐为国君。孤竹君死后,叔齐让出国君之位。伯夷说:父命为尊。叔齐说:天伦为重。于是,他们都逃走了。后来周武王灭掉了商朝,天下宗周,伯夷和叔齐以此为耻,发誓不食周粟,隐居在首阳山,采薇而食,最后都饿

卷三

死了。陶朱倚顿：陶朱，指范蠡，积财产百万，自号陶朱公。倚顿，山东贫士，听说陶朱公致富，前往请教致富技能，很快致富。

【译文】

伯夷和叔齐宁愿饿死也不吃周粟，这是因为他们把君臣大义留在心中；陶朱和倚顿善于经营，资产比得上王公贵族。

石崇杀妓以侑酒，恃富行凶；何曾一食费万钱，奢侈过甚。

【注释】

侑（yòu）：劝。多用于酒食、宴饮。

【译文】

晋朝人石崇请人喝酒时，有客人不喝，他就杀死了两个陪酒的美姬。这是倚仗自己富有杀人行凶的行为。晋朝人何曾一天吃饭就要花费万钱，还说无处下筷，没什么可吃的，这种奢侈的生活真是太过分了。

二月卖新丝，五月粜新谷，真是剜肉医疮；
三年耕而有一年之食，九年耕而有三年之食，庶几遇荒有备。

【注释】

剜肉医疮：详见唐朝人聂夷中的《伤田家》诗："二月卖新丝，五月粜新谷。医得眼前疮，剜却心头肉。"庶几：希望、但愿的意思。

【译文】

二月时，蚕尚未吐丝就要卖掉，五月时谷还未熟就要粜出，都是因为官府催逼苛捐杂税，这是如同剜去心头肉来医治疮伤一样心疼。三年耕作所得应留出一年的粮食余备，九年耕作所得应留出三年的粮食余备，这是为了防备荒年用的举动。

贫士之肠习藜苋，富人之口厌膏粱。

藜苋:藜蒿和苋菜,泛指贫苦的人所食用的粗劣菜蔬。膏粱:指代肥美的食物。

【译文】

贫穷人的肠胃习惯于吃藜蒿和苋菜。富贵人的嘴吃腻了肥肉好米。

石崇以蜡代薪,王恺以饴沃釜。

【注释】

沃:荡涤,洗濯的意思。釜:古代的一种炊具,敛口,圆底,或有二耳。

【译文】

晋朝人石崇用蜡代替柴薪煮饭,而同时代的王恺用饴糖来洗锅。

范丹釜中生鱼,破甑生尘;曾子捉襟见肘,纳履决踵。

【注释】

甑(zèng):蒸食物的一种炊具,其底有孔,古用陶制,殷周时代用青铜制,后来多用木制,俗叫甑子。踵(zhǒng):脚后跟。

【译文】

东汉人范丹做莱芜县令时,家贫经常断粮,结果土灶里生出了青蛙,饭甑里积满了尘土。孔子的弟子曾子穿的衣服破旧,捉住衣襟就能露出胳膊肘,穿的鞋也露着脚后跟。

子路衣敝缊袍,与轻裘立,贫不胜言;
韦庄数米而炊,称薪而爨,俭有可鄙。

【注释】

缊(yùn):新旧混合的绵絮,乱絮。轻裘:分量不重但又特别暖和的皮衣。爨(cuàn):烧火煮饭。

【译文】

子路穿着破旧的棉袍和穿着皮衣的人站在一起,穷得难以描述。韦庄生性吝啬,做饭要数米粒下锅,柴薪要称分量,过分节俭就是遭人鄙视的吝啬。

总之,饱德之士不愿膏粱;闻誉之施奚图文绣?

【注释】

闻誉:详见《孟子·告子上》:"令闻广誉施于身,所以不愿人之文绣也。"闻誉后来指到处都知道的好名声。奚(xī):表示疑问语气。为何,为什么。文绣:指刺绣华美的丝织品或衣服。

【译文】

总之,真正满腹仁义道德的人不愿吃肥肉好米的美餐。真正有声誉的人,何必贪图锦绣的衣服呢?

疾病死丧

福寿康宁,固人之所同欲;死亡疾病,亦人所不能无。

惟智者能调,达人自玉。

【注释】

福寿康宁:即幸福、长寿、健康、安宁。

【译文】

福寿康宁固然是人们共同追求的;死亡疾病也是任何人都不能免除的。只有聪明的人才懂得调理好自己身体的重要性,通达事理的人才懂得珍惜自己的身体要像珍惜珠玉一样。

问人病曰贵体违和,自谓疾曰偶沾微恙。

违和：身体失于调理引起的不适。用于称他人患病的婉辞。微恙：小病。恙，病的意思。

【译文】

问候别人病情时要说贵体违和。称自己有病时就说偶沾微恙。

罹病者，甚为造化小儿所苦；患疾者，岂是实沈台骀为灾。

【注释】

造化小儿：古人戏称司命神。实沈：古代神话中提到高辛氏的小儿子实沈，是参宿神。台骀：相传上古金天氏少皞的后代昧的儿子，汾水之神。传说，实沈和台骀都可以使人生病。

【译文】

被疾病困扰时就说生病的人深受造化小儿所苦。患了疾病，难道说是实沈和台骀作怪吗？

病不可为，曰膏肓；平安无事，曰无恙。

【注释】

膏肓(huāng)：古代医学以心尖的脂肪为膏，心脏与膈膜之间为肓。后来，膏肓称得了难治的疾病。无恙：没有疾病。

【译文】

疾病已不可治疗称之为膏肓。平安无事、没有患任何病称之为无恙。

采薪之忧，谦言抱病；河鱼之患，系是腹疾。

【注释】

采薪之忧：本意是患病了不能打柴。后来用来对自己有病的谦称。河鱼之患：鱼腐烂是从内至外，所以古人用河鱼之患指代腹泻。

采薪之忧是自己有病时用的谦称。河鱼之患指代腹泻。

可以勿药,喜其病安;厥疾勿瘳,言其病笃。

【注释】

厥:语气助词。瘳(chōu):指病愈。

【译文】

某人生病后可以不吃药了时,要恭喜他病安。某人有病不能治愈、无法医治时,要说他病笃。

疟不病君子,病君子正为疟耳;
卜所以决疑,既不疑复何卜哉。

【注释】

政:此处通真。卜:古人用火灼龟甲,根据裂纹来预测吉凶,叫卜。后来卜泛指用各种形式预测吉凶。

【译文】

疟疾是不会害君子的,而害到君子的,正是那些残暴的虐政。卜卦是为了决断疑惑的事,既然没有疑惑,又何必要去占卜呢?

谢安梦鸡而疾不起,因太岁之在酉;
楚王吞蛭而疾乃痊,因厚德之及人。

【注释】

谢安梦鸡:晋朝人谢安梦见乘坐桓温的车走了十六里,看见一只白鸡就停下来了,不知何意。后来,谢安接替桓温担任宰相,过了十六年忽然得病。谢安醒悟,说:"原来十六里意味着十六年,见到白鸡而停止,是意味着酉年,我将一病不起了。"不久,谢安果然病死了。楚王吞蛭:楚王吃饭时,吃出一条水蛭来,想吐掉又怕厨师因此获罪,就勉强吞吃了,结果得了病。令尹知道了其中的缘故后,就对楚王说:"大王有这样的德行,此病不会有什么伤害。"后来,楚王的病果然很快就好了。

【译文】

谢安梦行十六里遇鸡而止,后来悟到自己在鸡年将病重不起。楚惠王待人仁厚,虽因吞吃了水蛭而生病,但不久便痊愈了。

将属纩、将易箦,皆言人之将死;

作古人、登鬼箓,皆言人之已亡。

【注释】

属纩(kuàng):指用新绵放在临死人的鼻子前,用来观察他是否断气。易箦(zé):更换寝席。箦,华美的竹席。后来,称人病重将死为易箦。鬼箓:鬼的名册,鬼的户籍簿。

【译文】

将属纩和将易箦是说人快要死了。作古人和登鬼录是指人已死亡。

亲死则丁忧,居丧则读礼。

【注释】

丁忧:指经历父母的丧事。旧制,父母死后,子女要守丧,三年内不做官,不婚娶,不赴宴,不应考。读礼:古人守丧在家时,要读有关丧祭的礼书,因此读礼也借代居丧。

【译文】

古人父母死亡后要丁忧,为父母守丧时要读有关丧祭的礼书。

在床谓之尸,在棺谓之柩。

【注释】

柩(jiù):指尸体已经装进棺材。

在床上躺着的死者称之为尸。死者殓入棺材里后称之为柩。

报丧书曰讣，慰孝子曰唁。

【注释】

讣(fù)：即告丧文书。唁(yàn)：指对丧者家属进行慰问。

【译文】

报丧的文书称之为讣。慰问丧亲的家属称之为唁。

往吊曰匍匐，庐墓曰倚庐。

【注释】

匍匐：爬行。此处指前往吊丧。倚庐：古人为父母守丧时居住的简陋棚屋。

【译文】

前往死者家里去吊唁叫作匍匐。居丧守墓的小屋叫作倚庐。

寝苫枕块，哀父母之在土；节哀顺变，劝孝子之惜身。

【注释】

寝苫(shān)枕块：苫，古代孝子居丧时睡的草垫子。块，此处指土块。

【译文】

寝苫枕块是因为哀悼父母入土而不敢自安。节哀顺变是劝慰孝子要节制哀思、爱惜身体。

男子死曰寿终正寝，女人死曰寿终内寝。

寿终正寝、寿终内寝：古代男子将要死时，就被移到正厅东首，以候气绝；如果是女子将要死时，就仍然躺在内室。正寝，正厅；内寝，内室。

【译文】

男子死称之为寿终正寝。女人死称之为寿终内寝。

天子死曰崩，诸侯死曰薨，大夫死曰卒，士人死曰不禄，庶人死曰死，童子死曰殇。

【注释】

薨（hōng）：从周朝开始，人的死亡就有尊卑之分，薨用来称诸侯死亡。殇（shāng）：未成年人死了。

【译文】

天子死了称为崩；诸侯死了称为薨；大夫死了称为卒；士人死了称为不禄；平民死了称为死；儿童死了称为殇。

自谦父死曰孤子，母死曰哀子，父母俱死曰孤哀子。

【注释】

孤哀子：古时候，父丧称孤子，母丧称哀子，父母俱亡，称孤哀子。

【译文】

父亲死了，要谦称自己为孤子；母亲死了，要谦称为哀子；父母都死了，要谦称为孤哀子。

自言父死曰失怙，母死曰失恃，父母俱死曰失怙恃。

【注释】

怙（hù）：仰仗的意思。恃（shì）：依靠的意思。

自己说父亲死了用失怙,说母亲死了用失恃,说父母都死了用失怙恃。

父死何谓考,考者成也,已成事业也;
母死何谓妣,妣者媲也,克媲父美也。

【注释】

妣:音 bǐ。媲(pì):匹配。

【译文】

父亲死后为什么称考？考是成的意思,喻示父亲事业已成。母亲死后为什么称妣呢？妣通媲,喻示母亲能媲配父亲的美德。

百日内曰泣血,百日外曰稽颡。

【注释】

泣血:无声痛哭,泪如血涌。形容人极度悲伤。稽颡(sǎng):古代的一种跪拜礼,屈膝下拜,以额触地,表示极度虔诚。

【译文】

父母去世百日内的哭泣称之为泣血。百日外居丧者答谢宾客的跪拜礼节称之为稽颡。

期年曰小祥,两期曰大祥。

【注释】

小祥:古制度中,父母丧后周年的祭礼。祭后,孝子可稍改善生活及解除丧服的一部分。大祥:古制度中,父母丧后两周年的祭礼。

【译文】

父母去世一周年的祭祀称之为小祥。两周年的祭祀称之为大祥。

不缉曰斩衰,缉之曰齐衰,论丧之有轻重;

九月为大功,五月为小功,言服之有等伦。

【注释】

缉(jī):此处指缝衣边。斩衰(cuī)、齐(zī)衰、大功、小功:衰,此处指古代的丧服。古代的丧服有五种,即斩衰、齐衰、大功、小功、缌麻,按与死者的不同关系而穿不同的丧服,穿的时间也有长短。

【译文】

用粗麻布做丧服,不缝边的称之为斩衰,缝边的称之为齐衰,用来区分服丧有轻重之分。服丧九个月所穿的丧服称之为大功,服丧五个月的丧服称之为小功,用来表示服丧有等级伦次的差异。

三月之服曰缌麻,三年将满曰禫礼。

【注释】

缌(sī)麻:古代丧服名。五服中最轻的,孝服用细麻布制成,服丧三个月。禫(dàn)礼:除丧服的祭礼。

【译文】

丧服服期三个月的称之为缌麻。服丧满三年要举行除丧服的祭礼称之为禫礼。

孙承祖服,嫡孙杖期;长子已死,嫡孙承重。

【注释】

杖期:古代的一种服丧礼制。杖是孝子居丧时手握的棒。期是指一年之丧。期服用杖的称之为杖期;不用杖的则称之为不杖期。

【译文】

孙子辈为祖父母服丧,嫡孙服丧一年,手中要拿丧杖。祖辈死亡时如果长子已死,嫡孙应该承接斩衰三年的重任。

卷三

死者之器曰明器，待以神明之道；

孝子之杖曰哀杖，以扶哀痛之躯。

【注释】

明器：明器通冥器，指专门为随葬而制作的器物，一般用竹子、木头或陶土制成。哀杖：在古代丧礼中，孝子因哀痛不能自持，所以必须要扶杖，其杖称为哀杖。

【译文】

死者的陪葬器物称之为明器，喻示用对待神明的态度来对待死者。孝子的丧杖称之为哀杖，用来扶持他哀痛的身躯。

父之节在外，故杖取乎竹；母之节在内，故杖取乎桐。

【注释】

杖：这里指哀杖。

【译文】

父亲的节操表现在外，所以父亲死后用的哀杖要用竹子制作；母亲的节操表现在内，所以母亲死后用的哀杖要用桐木制作。

以财物助丧家，谓之赙；以车马助丧家，谓之赗；

以衣殓死者之身，谓之襚；以玉实死者之口，谓之琀。

【注释】

赙：读 fù。赗：读 fèng。襚：读 suì。琀：读 hán。

【译文】

用钱物帮助丧家称之为赙；用车马帮助丧家称之为赗；给死者穿衣服称之为襚；在死者口里放一块玉称之为琀。

送丧曰执绋，出枢曰驾輀。

执绋(fú)：此处指丧葬时手执牵引灵柩的大绳以助行进。辀(ér)：载运棺柩的车。

【译文】

送葬时牵引灵柩称之为执绋。出柩称之为驾辀。

吉地曰牛眠地，筑坟曰马鬣封。

【注释】

牛眠地：晋朝人陶侃的父亲死了，将下葬时，牛不见了，有老人说："牛睡在前面山间污泥中，如果将死者葬在那里，后代中会出将军。"后来，陶侃果然当了将军。牛眠地指葬坟的风水宝地。马鬣(liè)封：相传，孔子安葬母亲后，坟上的封土像马颈上的长毛。鬣，指马颈上的长毛。

【译文】

葬坟的风水宝地称之为牛眠地。坟上的封土像马鬃，称之为马鬣封。

墓前石人，原名翁仲；柩前功布，今曰铭旌。

【注释】

翁仲：传说，秦始皇初兼天下时，有个长个子人出现在临洮，他长五丈，足迹有六尺。秦始皇仿写其形，铸了一个像翁仲的金人。后来，人们称铜像或石像为翁仲。铭旌：竖在灵柩前标志死者官职和姓名的旗幡，多用绛帛粉书。

【译文】

坟墓前石人的原型是秦朝的翁仲。灵柩前用来旌表死者功德的绛帛称之为铭旌。

挽歌始于田横，墓志创于傅奕。

田横:汉朝人田横死后,其门人唱悲歌哀悼,后来演变成唱挽歌的仪

式。傅奕:唐朝人,他将死,作志:"傅奕,青山白云人也,以醉死。"

【译文】

悼念死者的挽歌开始于西汉的田横。记载死者生平事迹的墓志首创

于唐朝人傅奕。

生坟曰寿藏,死墓曰佳城。

【注释】

佳城:指墓地。详见《西京杂记》卷四:"滕公驾至东都门,马鸣蹑不

肯前,以足刨地久之。滕公使士卒掘马所刨地,入地三尺所,得石椁。滕

公以烛照之,有铭焉……曰:'佳城郁郁,三千年见白日。吁嗟滕公居此

室!'滕公曰:'嗟乎天也!吾死其即安此乎?'死遂葬焉。"

【译文】

生者给自己预建的墓穴称之为寿藏。死者的坟墓称之为佳城。

坟曰夜台,圹曰窀穸。

【注释】

窀穸(zhūn xī):此处指墓穴。

【译文】

坟墓又叫夜台。墓穴又叫窀穸。

已葬曰瘗玉,致祭曰束刍。

【注释】

瘗(yì)玉:即埋玉在坑里。束刍(chú):此处指用于祭奠的物品。

【译文】

死人已经下葬称之为瘗玉。前往坟前祭奠称之为束刍。

春祭曰禴,夏祭曰禘,秋祭曰尝,冬祭曰烝。

【注释】

禴(yuè)、禘(dì)、尝、烝(zhēng):古代春祭、夏祭、秋祭、冬祭的
祭名。

【译文】

春祭称之为禴,夏祭称之为禘,秋祭称之为尝,冬祭称之为烝。

饮杯棬而抱痛,母之口泽如存;
读父书以增伤,父之手泽未泯。

【注释】

口泽:此处的意思是口饮润泽。手泽:手汗。后来,手泽多用来称先
人或前辈的遗墨、遗物等。

【译文】

用母亲用过的杯子饮水不免抱杯悲痛,因为感觉到母亲口中的津液
尚存在上面。读父亲留下的书籍会增加悲伤,因为父亲留在书上的汗渍
还没有消失。

子羔悲亲而泣血,子夏哭子而丧明。

【译文】

孔子的弟子子羔伤痛失去双亲,泣血三年。子夏痛失儿子后,把眼睛
都哭瞎了。

王裒哀父之死,门人因废《蓼莪》诗;
王修哭母之亡,邻里遂停桑柘社。

【注释】

《蓼莪(lù è)》:《诗经·小雅》的篇名。此诗表达了子女追慕双亲抚

卷三

养之恩的情思。

因晋朝人王裒哀伤父亲之死,他的弟子不忍再读追念父母的《诗经·蓼莪》,是因为怕他听了勾起哀思。魏朝人王修痛哭母亲死在社日,邻里停止了社日的祭祀活动,是因为怕引起他伤心。

树欲静而风不息,子欲养而亲不在,皋鱼增感;
与其椎牛而祭墓,不如鸡豚之逮存,曾子兴思。

【注释】

皋鱼增感:详见《韩诗外传》。增,此处通"曾"。皋鱼曾对孔子说:"树欲静而风不止,子欲养而亲不待也。"曾子兴思:详见《韩诗外传》。曾子曰:"往而不可还者,亲也,故孝欲养而亲不待。是故椎牛而葬,不如鸡豚之逮亲存也。"

【译文】

树想静止下来时风却不停地刮着,儿子想奉养双亲时,双亲却都不在了。这是春秋时皋鱼在孔子面前说的伤感话。与其等父母死后杀牛祭奠他们,还不如他们在世时杀鸡宰猪奉养他们。这是孔子的弟子曾子读丧礼时的感叹。

故为人子者,当思木本水源,须重慎终追远。

【注释】

慎终追远:指重视安葬死者和非常追念逝者。

【译文】

所以为人子女应当时刻想到树木有根、流水有源头,不忘父母的生养之恩,也必须慎重地办理父母的丧事,虔诚地追念逝者。

卷 四

文 事

多才之士,才储八斗;博学之儒,学富五车。

【注释】

八斗:形容文才特别多。五车:形容学问非常渊博。详见《庄子·天下》:"惠施多方,其书五车。"

【译文】

形容有才华的人,要称之为才高八斗。形容学问渊博的人,要说他们学富五车。

三坟五典,乃三皇五帝之书;
八索九丘,是八泽九州之志。

【译文】

三坟五典,是三皇五帝留下来的书籍;八索九丘,是关于八大水泽和九州地理的书。

《书经》载上古唐虞三代之事,故曰《尚书》;
《易经》乃姬周文王周公所系,故曰《周易》。

【注释】

《尚书》:详见孔安国《尚书序》云:"以其上古之书,谓之《尚书》。"
《周易》:《周易》六十四卦,每卦下系有卦辞、爻辞。一说《周易》的卦辞和爻辞都是周文王所撰；还有一说就是周文王撰卦辞，周公撰爻辞。详见孔颖达的《周易正义·卷首》"论卦辞爻辞谁作"。

【译文】

《书经》记载的都是上古唐尧、虞舜及夏商周三代的史事，所以又称之为《尚书》。《易经》是周文王姬昌根据伏羲所画的八卦演绎而来，所以又称之为《周易》。

二戴曾删《礼记》，故曰《戴礼》；
二毛曾注《诗经》，故曰《毛诗》。

【注释】

二戴：此处指西汉学者戴德和戴圣。二毛：此处指西汉学者毛亨和毛苌。

【译文】

西汉人戴德和戴圣叔侄俩曾删改过《礼记》，所以《礼记》又称《戴礼》。西汉人毛亨和毛苌叔侄俩曾注释过《诗经》，所以现在流传的《诗经》又称之为《毛诗》。

孔子作《春秋》，因获麟而绝笔，故曰《麟经》。

【注释】

孔子作《春秋》，因获麟而绝笔，故曰《麟经》：古人认为《春秋》是孔子所作。《春秋·哀公十四年》："春，西狩获麟。"公羊、穀梁《春秋》都止于此。杜预注《春秋》云："麟者仁兽，圣王之嘉瑞也。时无明王，出而遇获。仲尼伤周道之不兴，感嘉瑞之无应，故因鲁《春秋》而修中兴之教，绝笔于'获麟'之一句，所感而作，固所以为终也。"后来，人们称《春秋》为《麟经》。

【译文】

孔子修改鲁国史作《春秋》时，因郊外捕捉到麒麟而觉不祥，就停笔不再写下去了。所以《春秋》又被称为《麟经》。

荣于华衮,乃《春秋》一字之褒;

严于斧钺,乃《春秋》一字之贬。

【注释】

荣于华衮,乃《春秋》一字之褒;严于斧钺,乃《春秋》一字之贬:详见晋朝人范宁的《春秋穀梁传序》:"一字之褒,宠逾华衮之赠;片言之贬,辱过市朝之挞。"华衮,指古代王及上公所穿的富有文采的礼服,此处形容极高的荣宠。斧钺,兵器名,此处指杀戮之类的刑罚。

【译文】

《春秋》上一个字的褒奖就如同穿上华丽礼服那样荣耀。《春秋》上一个字的贬斥就如同用斧钺惩罚罪犯那样严厉。

缣缃黄卷,总谓经书;雁帛鸾笺,通称简札。

【注释】

缣(jiān)缃:本指古代书写用的绢帛,泛指书籍。缣是指双丝织的浅黄色细绢;缃是指浅黄色的绢帛。黄卷:详见《宋景文笔记》卷上:"古人写书,尽用黄纸。故谓之黄卷。或曰:古人何须用黄纸?曰:檗染之,可用辟(避)蟫。"黄卷后来泛指书籍。雁帛:详见《汉书·苏武传》。雁帛后来泛指书信。鸾笺:彩笺的名称。

【译文】

缣缃和黄卷都是指经书。雁帛和鸾笺是简札的通称。

锦心绣口,李太白之文章;铁画银钩,王羲之之字法。

【注释】

锦心绣口:优美的文思和华丽的辞藻。铁画银钩:比喻运笔刚柔相济,风流多姿,运用自如。

【译文】

锦心绣口形容李白的诗文辞藻华丽。铁画银钩比喻王羲之的书法笔力刚健。

雕虫小技,自谦文学之卑;倚马可待,羡人作文之速。

【注释】

倚马可待:才思敏捷,写文章很快,呵气而成。详见南朝·宋朝人刘义庆《世说新语·文学》:"桓宣武(桓温)北征,袁虎时从,被责免官。会须露布文,唤袁倚马前令作。手不辍笔,俄得七纸,绝可观。"

【译文】

雕虫小技是谦称自己写文章水平不高,让对方见笑了。倚马可待是羡慕别人写文章速度很快,呵气而成。

称人近来进德,曰士别三日,当刮目相看;
羡人学业精通,曰面壁九年,始有此神悟。

【注释】

面壁九年:佛教称坐禅为面壁,指面向墙壁,端坐静修。面壁九年指经过多年修炼,修为或者技能已经非常高。

【译文】

称赞别人近来进步很快时要说:"士别三日,当刮目相看。"羡慕别人学业精通时要说:"面壁九年,始有此神悟。"

五凤楼手,称文字之精奇;七步奇才,羡天才之敏捷。

【注释】

五凤楼:古代的楼名,在洛阳。七步奇才:三国·魏国皇帝曹丕为迫害他弟弟曹植,令曹植在七步之内作一首诗。曹植略一思考,便作诗:"煮豆燃豆萁,豆在釜中泣。本是同根生,相煎何太急?"曹植行七步能作诗,足以见他才思敏捷。

【译文】

五凤楼手用来称赞别人的文字精奇。七步奇才用来美慕别人才思敏捷。

誉才高,曰今之班马;羡诗工,曰压倒元白。

【注释】

班马:此处指班固和司马迁。元白:此处指唐朝著名诗人元稹和白居易。详见五代人王定保《唐摭言》卷三:"宝历年中,杨嗣复大宴于新昌里第。时元白俱在,皆赋诗于席上,唯刑部杨汝士侍郎诗后成,元白览之失色……汝士其日大醉,归谓子弟曰:'我今日压倒元白!'"后来,称作品造诣超过大家为"压倒元白"。

【译文】

赞誉别人才高时要说他是今之班马。美慕别人作诗工整时要说他压倒元白。

汉晁错多智,景帝号为智囊;高仁裕多诗,时人谓之诗窖。

【注释】

智囊:此处指足智多谋的人。详见《史记·袁盎晁错列传》:"错为人峭直刻深。孝文帝时……以其辩得幸太子,太子家号曰'智囊'。"此处提到的太子就是后来的汉景帝。诗窖:指满腹诗才、作诗很多的人。

【译文】

西汉人晁错足智多谋,汉景帝称之为智囊。五代·后周人高仁裕作诗很多,时人称之为诗窖。

骚客即是诗人,誉髦乃称美士。

【注释】

骚客:屈原著《离骚》,作诗的人多效法他,所以诗人又称骚客。誉髦

(máo)：指有名望的英杰之士。

【译文】

骚客是诗人的雅称。誉髦是才德好的男子的雅称。

自古诗称李杜，至今字仰钟王。

【注释】

钟王：三国·魏国书法家钟繇与东晋书法家王羲之的合称。

【译文】

自古以来，诗写得最好的是李白和杜甫。至今为止，书法最受人敬仰的是钟繇和王羲之。

白雪阳春，是难和难赓之韵；青钱万选，乃屡试屡中之文。

【注释】

白雪阳春：《阳春》和《白雪》都是战国时楚国高雅的乐曲名。详见西汉人刘向的《新序·杂事》。赓：接续。青钱万选：详见《新唐书·张荐传》："〔张鷟(zhuó)〕调露初登进士第，授岐王府参军。八以制举皆甲科，再调长安尉，迁鸿胪丞。四参选，判策为铨府最。员外郎员半千数为公卿称：'鷟文辞犹青铜钱，万选万中。'时号鷟'青钱学士'。"张鷟是张荐的祖父。

【译文】

《白雪》和《阳春》是最难唱和续写的高雅曲子。唐朝张鷟的文才超众，多次考试，多次高中，人们称他的文章是青钱万选。

惊神泣鬼，皆言词赋之雄豪；遏云绕梁，原是歌音之嘹亮。

【注释】

惊神泣鬼：使动用法，即使鬼神为之惊泣。多形容诗文雄豪震撼，感人至深。遏云绕梁：遏云，使动用法，即使云停止不前，形容歌声响亮动听。绕梁,形容歌声高亢回旋,久久不息。

【译文】

惊神泣鬼比喻词赋雄壮豪放。遏云绕梁比喻歌声嘹亮、高亢。

涉猎不精,是多学之弊;咿唔佔毕,皆读书之声。

【注释】

咿唔:也作伊吾,象声词。详见北宋人黄庭坚的诗:"南窗读书声伊吾,北窗见月歌竹枝。"

【译文】

喜欢博览,不求精深,是做学问的弊病。咿唔和佔毕都是读书时发出的声音。

连篇累牍,总说多文;寸楮尺素,通称简札。

【注释】

寸楮(chǔ):很短的信纸。楮皮可以造纸,所以这样说。尺素:小幅绢帛。

【译文】

连篇累牍比喻长篇大论的文章。寸楮和尺素是指文字简短的书信。

以物求文,谓之润笔之资;因文得钱,乃曰稽古之力。

【注释】

润笔之资:指付给作者的报酬、薪资。稽古:考察古事。

【译文】

用钱物去求人家写文章时要说润笔之资。因写文章得到钱财时要说稽古之力。

文章全美,曰文不加点;文章奇异,曰机杼一家。

文不加点：指写文章一气呵成，不需要做任何修改。机杼(zhù)：指古代的织布机。

【译文】

文章写得很完美，一气呵成，称之为文不加点。文章写得很奇异，独具特色，称之为机杼一家。

应试无文，谓之曳白；书成绣梓，谓之杀青。

【注释】

曳白：指古代科举考试时交白卷。绣梓：精细的刻版印刷。因为雕版以梓木为上品，所以有这种说法。杀青：西汉人刘向校书，每一书校毕，录而奏上，就说杀青，如《战国策序》："其事继春秋以后，讫楚汉之起，二百四十五年间之事，皆定以杀青，书可缮写。"后来杀青泛指书籍完稿。

【译文】

参加考试的人没在试卷上写一个字就交卷称为曳白。书写成后要刊刻印刷称之为杀青。

袜线之才，自谦才短；记问之学，自愧学肤。

【注释】

袜线之才：详见宋朝人孙光宪的《北梦琐言》卷五："韩昭仕蜀，至礼部尚书、文思殿大学士。粗有文章，至于琴棋书算射法，悉皆涉猎。以此承恩于后主。时有朝士李台暇曰：'韩八座事艺，如拆袜线，无一条长。'"袜线之才指艺多而不精的人，也比喻才学短浅。记问之学：指为应付他人问难而预为记诵的肤浅之学。

【译文】

袜线之才是谦称自己才学短浅。记问之学是惭愧自己的学识肤浅。

裁诗曰推敲，旷学曰作辍。

【注释】

推敲:相传,唐朝诗人贾岛骑驴赋诗,得"鸟宿池边树,僧敲月下门"之句,初欲用"敲",又想用"推",定不下来,就在驴上引手作推敲的动作,不觉冲撞到了京兆尹韩愈。韩愈问其故后,想了很久,对贾岛说:"敲字好。"详见五代十国·后蜀人何光远的《鉴戒录·贾忤旨》。后来,将斟酌字句称为推敲。作辍:时作时辍,写写停停,停停写写,写作不能持之以恒。

【译文】

反复斟酌,裁选字句,称之为推敲;时作时辍,写写停停,停停写写,写作不能持之以恒,称之为作辍。

文章浮薄,何殊月露风云;典籍储藏,皆在兰台石室。

【注释】

月露风云:指辞藻华丽而内容空泛的诗文。兰台:汉朝宫廷里藏书的地方。石室:亦国家藏书的地方。

【译文】

文章写得很浮浅,言之无物,跟月下的露水、风中的浮云没有不同;古代皇家的书籍储藏在宫中的兰台和石室。

秦始皇无道,焚书坑儒;唐太宗好文,开科取士。

【注释】

焚书坑儒:秦始皇三十四年,丞相李斯建议除秦记、医药、卜筮、种植这些书外,民间所藏《诗经》《尚书》和诸子百家书一律焚毁。次年,方士、儒生求仙药不得,卢生等又逃亡,秦始皇大怒,在咸阳坑杀了诸生四百六十余人。史称焚书坑儒。开科取士:通过科举考试选拔人才,开始于隋朝,唐朝后历朝历代都沿袭(元朝初期曾经停止科举取士除外)。

【译文】

秦始皇暴虐无道,焚毁经书,坑埋儒生。唐太宗重视文化,大力开设科考网罗人才。

花样不同,乃谓文章之异;潦草塞责,不求辞语之精。

【注释】

潦草塞责:这里指写文章敷衍了事。

【译文】

花样不同,形容文章风格各异。潦草搪塞指写文章不求词语精美,敷衍了事。

邪说曰异端,又曰左道;读书曰肄业,又曰藏修。

【注释】

异端:详见朱熹《论语集注》:"异端,非圣人之道,而别为一端。"左道:指邪门旁道。肄(yì)业:此处指修习学业。藏修:详见《礼记·学记》:"君子之于学也,藏焉,修焉,息焉,游焉。"后来藏修指专心学习。

【译文】

不合正统的学说叫异端,也叫左道。读书叫肄业,也叫藏修。

作文曰染翰操觚,从师曰执经问难。

【注释】

染翰:用笔蘸墨。操觚(gū):执简。执经问难:指手持经书反复询问,让对方帮自己解惑。

【译文】

古代没有纸,文章写在竹简上,作文称之为染翰操觚。称拜师求学为执经问难。

求作文,曰乞挥如椽笔;羡高文,曰才是大方家。

【注释】

如椽笔:详见《晋书·王珣传》:"珣梦人以大笔如椽与之,既觉,语人云:'此当有大手笔事。'俄而帝崩,哀册谥议,皆珣所草。"后来,如椽笔喻笔力雄健。大方家:原指深明大道的人,后来指精通某种学问或艺术的人。

【译文】

求人写文章时要说乞挥如椽笔;美慕别人文章写得高超时要称他大方家。

竟尚佳章,曰洛阳纸贵;不嫌问难,曰明镜不疲。

【注释】

洛阳纸贵:晋朝人左思写《三都赋》,构思十年,赋成,不为时人所看重。等到皇甫谧为之作序,张载、刘逵为之作注,张华读了后,感叹说:"赶上了班超张衡这些人啊!"于是,豪富之家争相传写《三都赋》,洛阳的纸价因为这件事涨起来了。明镜不疲:详见《世说新语·言语》:"孝武将讲《孝经》,谢公兄弟(谢安、谢石)与诸人私庭讲习。车武子难苦问谢,谓袁羊曰:'不问则德音有遗,多问则重劳二谢。'袁曰:'必无此嫌。'车曰:'何以知尔?'袁曰:'何尝见明镜疲于屡照,清流惮于惠风?'"

【译文】

相争传抄大家都崇尚的文章,称之为洛阳纸贵。不以别人请教为烦叫明镜不疲。

称人书架曰邺架,称人嗜学曰书淫。

【注释】

邺架:详见韩愈《送诸葛觉往随州读书》:"邺侯(李泌)家多书,插架三万轴。"书淫:此处指嗜书成癖,好学不倦的人。详见《晋书·皇甫谧传》:"(谧)耽玩典籍,忘寝与食,时人谓之'书淫'。"

【译文】

称赞别人藏书的书架时要说邺架。称赞别人酷爱读书时要说书淫。

白居易生七月,便识"之""无"二字;

唐李贺才七岁,作《高轩过》一篇。

【注释】

白居易生七月,便识"之""无"二字:详见白居易《与元九书》:"仆始生六七月时,乳母抱弄于书屏下,有指'无'字、'之'字示仆者,仆虽口未能言,心已默识。后有问此二字者,虽百十其试,而指之不差。"唐李贺才七岁,作《高轩过》一篇:唐朝人李贺年七岁时,以诗名动京城。韩愈和皇甫湜看了李贺的诗而认为他是个奇人。等到韩愈和皇甫湜路过李贺家时,李贺头上留着总角,穿着荷衣出来迎接。他们俩都不相信眼前的孩子能作诗,就当面让李贺写一篇。李贺拿起笔呵气而成,并给诗题名为《高轩过》。

【译文】

唐朝人白居易出生七个月时便认识"之""无"两个字。唐朝人李贺七岁时就作了《高轩过》一诗,名扬京师。

开卷有益,宋太宗之要语;不学无术,汉霍光之为人。

【注释】

开卷有益:只要打开书本阅读,就会有所收益。不学无术:详见《汉书·霍光传赞》:"然光不学亡术,暗于大理。""亡"通"无"。本意指霍光不能学古,所以他的言行举止不合于道术。后来,不学无术泛指缺乏学问和本领。

【译文】

开卷有益是宋太宗赵匡胤说过的至理名言。不学无术,是汉朝人班固对霍光为人的评语。

汉刘向校书于天禄,太乙燃藜;

赵匡胤代位于后周,陶谷出诏。

太乙燃藜:详见前秦人王嘉的《拾遗记》卷六。太乙,即太一。陶谷出诏:详见宋朝人李焘《续资治通鉴长编》卷一:"太祖(赵匡胤)诣崇元殿,行禅代礼,召文武百官就列,至晡,班定,独未有周帝禅代制书。翰林学士承旨新平陶谷出诸袖中,进曰:'制书成矣!'遂用之。"

【译文】

西汉人刘向受命在天禄阁校书,太乙真人曾点燃手中的藜木拐杖为他照明。赵匡胤接替后周末帝柴宗训做皇帝时,没有禅位诏书,有个叫陶谷的翰林及时拿出了事先写好的诏书。

江淹梦笔生花,文思大进;扬雄梦吐白凤,词赋愈奇。

【注释】

江淹梦笔生花:相传,江淹被权贵贬黜到浦城来当县官。有一天,他漫步浦城郊外,歇宿在一小山上。在睡梦中,他见神人授他一支闪着五彩的神笔。自此,他文思如涌,成为一代文章风流魁首。当地人称他是梦笔生花。扬雄梦吐白凤:详见晋朝人葛洪的《西京杂记》卷二:"雄著《太玄经》,梦吐凤凰,集《玄》之上,顷而灭。"

【译文】

南朝·梁朝人江淹梦见有人送他一支五色笔。从此,他作文才思大发。东汉人扬雄梦见嘴里吐出一只白凤来,再写的词赋就越来越新奇。

李守素通姓氏之学,敬宗名为人物志;
虞世南晰古今之理,太宗号为行秘书。

【注释】

人物志:唐朝人刘𫗧(sù)的《隋唐嘉话》卷上:"秦王府仓曹李守素,尤精谱学,人号为'肉谱'。虞秘书世南曰:'昔任彦升善谈经籍,时称为"五经笥",宜改仓曹为"人物志"。'"行秘书:详见《隋唐嘉话》卷中:"太宗尝出行，有司请载副书以从，上曰：'不须。虞世南在此，行秘书也。'"

【译文】

唐朝人李守素精通姓氏学，许敬宗称他为人物志。唐朝人虞世南通晓古今之理，唐太宗称他行秘书。

茹古含今，皆言学博；咀英嚼华，总曰文新。

【注释】

茹古含今：指博古通今，懂得的知识非常多。茹也是含的意思。咀英嚼华：此处指欣赏、体味诗文的精华，也可指诗文富有新意，耐人寻味。

【译文】

茹古含今是说博学多闻，通晓古今，知识非常丰富。咀英嚼华是说文富新意，耐人寻味，值得细味。

文望尊隆，韩退之若泰山北斗；
涵养纯粹，程明道如良玉精金。

【注释】

泰山北斗：唐朝人韩愈不读非圣贤之书，人们景仰他如同泰斗和北斗一样。良玉精金：详见程颐的《明道先生行状》："先生资禀既异，而充养有道，纯粹如精金，温润如良玉。"明道先生，即程颢。

【译文】

唐朝人韩愈在文坛名气大、声望高，人们景仰他如同泰斗和北斗一样。宋朝人程颢修养醇正、学识深弘，他的著作如良玉精金一样。

李白才高，咳唾随风生珠玉；孙绰词丽，诗赋掷地作金声。

【注释】

李白才高，咳唾随风生珠玉：详见李白的《妾薄命》诗："汉帝宠阿娇，贮之黄金屋。咳唾落九天，随风生珠玉。"孙绰词丽，诗赋掷地作金声：详见《世说新语·文学》："孙兴公（绰）作《天台赋》成，以示范荣期，云：'卿试掷地，要作金石声。'范曰：'恐子之金石，非宫商中声。'然每至佳句，辄云：'应是我辈语。'"

【译文】

唐朝人李白文才很高，他在诗中有云"咳唾落九天，随风生珠玉"，说的就是他脱口而出的诗句便是珠玉一样的句子。晋朝人孙绰的诗赋辞藻华丽，将其掷于地上就能发出金石般的声音。

制　作

上古结绳记事，仓颉制字代绳。

【注释】

结绳：文字正式出现前，人们用结绳来记事。仓颉：史皇氏，河南南乐县人，黄帝时期造字的史官，相传汉字是由他造出来的，尊之为造字圣人。

【译文】

上古时代，人们用在绳子上打结的方法记事。后来，仓颉创造了文字，结束了结绳记事的时代。

龙马负图，伏羲因画八卦；洛龟呈瑞，大禹因列九畴。

【注释】

龙马：传说中龙头马身的神兽。洛龟：相传，大禹治水时，洛水有一只背负洛书的神龟出现。九畴：传说中天帝赐给禹治理天下的九类大法，即《洛书》。畴，类。龙马负图，伏羲因画八卦；洛龟呈瑞，大禹因列九畴：这几句是古代儒家阐述的《周易》卦形来源及《尚书·洪范》"九畴"创作过程。

【译文】

因龙马背着图像出现在黄河，伏羲画了八卦。因背上有文字的神龟出现在洛水,大禹列出了九畴。

历日是神农所为,甲子乃大挠所作。

【注释】

历日:此处指历法。甲子:天干地支循环相配,六十一循环,用来纪年和纪日。大挠:相传,大挠是黄帝的史官。

【译文】

历法是神农氏所创的。甲子纪年法是大挠所作的。

算数作于隶首,律吕造自伶伦。

【注释】

隶首:相传,他是黄帝的史官,算数(计数、算术、数学)的创造者。伶伦:相传,他是黄帝的乐官,古代律吕(乐律)的创造者。

【译文】

算数是隶首所作的。律吕是伶伦所造的。

甲胄舟车,系轩辕之创始;权量衡度,亦轩辕之立规。

【注释】

甲胄舟车:铠甲、头盔、战船和战车。权量衡度:统称测量重量的工具、测量容积的工具以及测量长度的工具。

【译文】

铠甲、头盔、战船和战车都是黄帝攻打蚩尤时发明的。度量衡的器具和规矩也是黄帝所制定的。

伏羲氏造网罟,教佃渔以赡民用;
唐太宗造册籍,编里甲以税田粮。

网罟(gǔ):指网。罟,是网的总称。佃渔:佃渔通田猎,狩猎和捕鱼的意思。册籍:户籍。里甲:古代的一种基层组织制度,此处指唐代前期实行的用以按丁计征的户籍制度。

【译文】

伏羲氏创造了网,教百姓狩猎捕鱼改善生活。唐太宗造了名册户籍,实行按丁收取田粮赋税、摊派工役。

兴贸易,制耒耜,皆由炎帝;造琴瑟,教嫁娶,乃是伏羲。

【注释】

耒耜(lěi sì):古代耕地翻土的一种农具。耒是耒耜的柄,耜是耒耜下端起土的部分。这种工具在弯曲犁发明前,是重要的翻地工具。

【译文】

兴起货物交易,制造耕田农具,都是炎帝的贡献。制造琴、瑟等乐器,教人婚嫁礼仪,都是伏羲的功绩。

冠冕衣裳,至黄帝而始备;桑麻蚕绩,自元妃而始兴。

【注释】

元妃:此处指黄帝的正妻嫘祖。

【译文】

冠冕衣服是黄帝时期才齐备的。采桑绩麻和养蚕纺织,是皇帝正妻嫘祖始倡的。

神农尝百草,医药有方;后稷播百谷,粒食攸赖。

【注释】

神农:传说中的太古帝王的名字。他首次教授老百姓制造和使用耒耜,从事农业生产,故称之为神农氏。又传说他曾尝遍百草,发现了药材,教人治病的技术。后稷：舜的农官，他教授民众耕种庄稼，被称为后稷。

【译文】

神农氏遍尝百草，发现了医治各种疾病的药方。舜帝的大臣后稷教授百姓播种百谷，百姓才开始因为有粮食而不再忍受饥饿。

燧人氏钻木取火，烹饪初兴；有巢氏构木为巢，宫室始创。

【注释】

燧人氏：传说中的古代帝王的名字。他是钻木取火的发明者。有巢氏：传说中巢居的发明人。

【译文】

燧人氏发明钻木取火后，人类烹饪、吃熟食的习惯逐渐培养成了。有巢氏用木料筑巢后，人类慢慢有了房屋。

夏禹欲通神祇，因铸镛钟于郊庙；
汉明尊崇佛教，始立寺观于中朝。

【注释】

神祇：原意是天神和地神，后来泛指神灵。中朝：此处指中原王朝。

【译文】

夏禹想与神灵沟通，铸了一口大钟，置于郊祭的庙里。汉明帝尊崇佛教，开始在中国各地建造寺院。

周公作指南车，罗盘是其遗制；
钱乐作浑天仪，历家始有所宗。

【注释】

指南车：古代用来指示方向的车。一说是黄帝创造的，一说是周公创造的。罗盘：古代测定方向的仪器，由有方位刻度的圆盘和装在中间的指南针构成。浑天仪：古代观测天体位置的仪器。

周朝周公旦发明了指南车,罗盘就是根据它的原理制造的。南朝·宋朝人钱乐做浑天仪,后来历法家们才有了制定历法的依据。

育王得疾,因造无量宝塔;秦政防胡,特筑万里长城。

【注释】

育王:即阿育王。梵语。意为无忧王。为古印度名王旃(zhān)陀罗笈多之孙,初奉婆罗门教,后皈依佛教,崇佛教为国教。

【译文】

古印度阿育王得了疾病,他为了尽快痊愈,便大力推广佛教,修筑成千上万的佛塔。秦始皇为了防备北方胡人的侵扰,下令修筑万里长城。

叔孙通制立朝仪,魏曹丕秩序官品。

【注释】

朝仪:朝廷礼仪。官品:官职品第等级。三国·魏国开始将官职分为九品。

【译文】

西汉人叔孙通主持制定了朝廷礼仪。三国魏文帝曹丕制定了九品官位的等级制度。

周公独制礼乐,萧何造立律条。

【注释】

礼乐:礼节和音乐。古代帝王常用兴礼乐的手段来达到尊卑有序、远近和合的统治目的。律条:法律条文。

【译文】

周公旦制定了周朝的礼乐。萧何主持制定了汉朝的法令。

尧帝作围棋,以教丹朱;武王作象棋,以象战斗。

【注释】

围棋:一种棋艺,相传是尧创作的。象棋:古代的一种博弈游戏,也叫象戏,跟现在的象棋不同。相传,这种象棋是周武王创作的。

【译文】

尧制作围棋后教给儿子丹朱。周武王制作象棋,用来研究进退攻守的战术。

文章取士,兴于赵宋;应制以诗,起于李唐。

【注释】

文章取士:宋神宗采纳王安石的建议,更改科举法,废除诗赋、帖经、墨义,专以经义策论考试士子。应制:应诏,应皇帝的命令。

【译文】

将文章策论的好坏当作选拔人才的依据,是从宋朝开始的。应皇帝的命令作诗,是起源于唐朝的。

梨园子弟,乃唐明皇作始;《资治通鉴》,乃司马光所编。

【注释】

梨园:因唐玄宗曾经在梨园教习过艺人,后用梨园泛指戏班或演戏的地方。《资治通鉴》:北宋司马光主编的一部编年体通史,上起战国,下至五代。

【译文】

梨园子弟是唐明皇对艺人的称呼,后人沿袭下来了。《资治通鉴》是宋朝人司马光主持修纂的编年体史书。

笔乃蒙恬所造,纸乃蔡伦所为。

笔乃蒙恬所造：相传，毛笔是蒙恬发明的。事实上，出土的文物已证明，毛笔远在蒙恬造笔之前就有。不过，蒙恬改造了毛笔的制作工艺，率先用赵国中山地区出产的最好兔毫制造毛笔，从而大大提高了毛笔的质量。纸乃蔡伦所为：据记载，东汉人蔡伦改进了造纸术，使得纸张大量普及。

【译文】

相传，毛笔是秦朝大将蒙恬所发明的，造纸术是东汉人蔡伦发明的。

凡今人之利用，皆古圣之前民。

【注释】

前民：此处指引导人民。

【译文】

凡是现在人们所用的器物，都是古代圣人的发明创造，是他们开了民用之先。

技　艺

医士业岐轩之术，称曰国手；地师习青乌之书，号曰堪舆。

【注释】

岐轩：岐，即岐伯，相传为黄帝时的名医。轩，轩辕，即黄帝。黄帝居在轩辕丘，所以他也叫轩辕。现在所传《黄帝内经》是战国秦汉时医家托名黄帝与岐伯论医而创作的。地师：指古代看风水的人。青乌：指青乌子。传说中的古代堪舆家。堪舆：风水。指住宅基地或墓地的形势，也指相宅相墓之法。

【译文】

医生学岐伯和轩辕黄帝的医术，被称之为国手。风水师要学青乌子所著的书，被称之为堪舆。

卢医扁鹊,古之名医;郑虔崔白,古之名画。

【注释】

扁鹊:战国时的名医,原名秦越人,渤海郡郑(河北省任丘市北)人。传说,他家曾住在卢国(今山东省长清县南),所以又称卢医。郑虔:郑州荥阳人。郑虔曾经自写其诗并画以献上,帝大署其尾曰"郑虔三绝"。崔白:字子西。濠梁(安徽凤阳)人。活跃于宋神宗前后。他擅画竹、翎毛,也擅长画佛道壁画,开启了北宋宫廷绘画的新风。他的作品有《双喜图》《寒雀图》《竹鸥图》等传世。

【译文】

战国时的卢国医生扁鹊是古代名医。唐朝人郑虔和宋朝人崔白都是古代的著名画师。

晋郭璞得《青囊经》,故善卜筮地理;
孙思邈得龙宫方,能医虎口龙鳞。

【译文】

晋朝人郭璞得到仙人郭公的《青囊经》九卷,所以他精通天文地理以及堪舆。唐朝人孙思邈得到三十个龙宫药方,曾为病龙点鳞,从虎口取出误吞的金钗。

善卜者,是君平、詹尹之流;善相者,即唐举、子卿之亚。

【注释】

相(xiàng):看相。古人迷信,喜欢用观察面貌和形体来推测人的命运。

【译文】

善于占卜者是西汉人严遵(字君平)、战国时楚国人郑詹尹这一类人。善于看相的人是战国·梁国人唐举和春秋·郑国的子卿这一类人。

推命之人即星士,绘画之士曰丹青。

【注释】

星士:用星命术的、给人推算命运的术士。丹青:丹砂和青䃂(wò),可作颜料。指画像、图画的人。

【译文】

算命的人称之为星士。绘画的人称之为丹青。

大风鉴,相士之称;大工师,木匠之誉。

【注释】

风鉴:相面术。指以谈相论命为职业的人。工师:古代的官名。专掌营建工程和管教百工等事。

【译文】

大风鉴是称赞相士的称呼。大工师是赞美木匠的称呼。

若王良、若造父,皆善御之人;
东方朔、淳于髡,系滑稽之辈。

【注释】

御:驾驭车马。滑稽:指能言善辩,言辞流利。

【译文】

像春秋时晋国人王良和西周穆公时的造父,都是善于驾驭车马的人。西汉人东方朔和战国时齐国人淳于髡(kūn)都是善于用滑稽之法劝帝王行使善政的人。

称善卜卦者,曰今之鬼谷;称善记怪者,曰鬼之董狐。

147

【注释】

鬼谷:即鬼谷子。姓王名诩,一说是春秋时卫国(河南鹤壁市淇县)人;一说是战国时代卫国人。董狐:春秋时晋国太史,也称史狐。

【译文】

称赞善于卜卦的人时要说他是当今的鬼谷子。称赞善于记录奇异怪事的人时要说他是过去的董狐。

称诹日之人曰太史;称书算之人曰掌文。

【注释】

诹(zōu)日:商量选择吉日,此处指古代负责选择吉日的人。书算:记账,计算。

【译文】

选取黄道吉日的人,称之为太史。书写推算的人,称之为掌文。

掷骰者,喝雉呼卢;善射者,穿杨贯虱。

【注释】

骰(tóu):古代的赌具,多用兽骨制成,为正方块。六面分刻一二三四五六点,其中,一、四涂以红色,为雉;其余的涂黑色,为卢。掷骰的人根据点数或颜色分胜负,所以骰又称投子、色子。相传,骰是三国·魏国人曹植发明的。穿杨贯虱:战国人养由基射箭能百步穿杨,纪昌射箭能正中虱心。

【译文】

掷骰子赌博的人喜欢大声吆喝雉卢。善于射箭的人能射中百步外的柳叶和虱子。

樗蒲之戏,乃云双陆;橘中之乐,是说围棋。

幼学琼林

樗(chū)蒲:樗,即臭椿树。蒲,即水杨树。樗蒲是古代的一种博戏,后世借指赌博。双陆:古代博戏的用具,是一种棋盘游戏,棋子的移动以掷骰子的点数决定,首位把所有棋子移离棋盘的玩者可获得胜利。橘中:即橘中戏。传说,古时有一个巴邛(qióng)人家有橘园。霜后,两个橘子大如三斗盘。剖开后,发现有两个老头儿相对象戏,谈笑自若。一个老头说:"橘中之乐不减商山。"后来,橘中戏指代象棋游戏。此处用橘中之乐指围棋,疑误。

【译文】

樗蒲这种赌博游戏就是后来的双陆。橘中之乐指的是围棋。

陈平作傀儡,解汉高白登之围;
孔明造木牛,辅蜀军运粮之计。

【注释】

傀儡:此处指用土木制成的偶像。木牛:指古代一种运载工具,即独轮车。

【译文】

汉高祖刘邦被匈奴围困在白登山后,陈平制作木偶美人舞于城上,匈奴单于的阏氏怕城破后单于收美人为阏氏,就催促撤兵,结果解了白登山之围。诸葛亮为运送蜀军的粮草,制造了木牛和流马。

公输子削木鸢,飞天至三日而不下;
张僧繇画壁龙,点睛则雷电而飞腾。

【注释】

公输子:指春秋时的公输班,通常称他为鲁班。木鸢:形状像鸢的木制飞行器。鸢,俗称老鹰。张僧繇:南朝·梁朝的画家。

【译文】

鲁班用木料制成鸢鸟,在天上飞了三天都不落下来。张僧繇在南京安乐寺的影壁上画了两条龙，不肯点睛，说如果点了就会飞走。人们认为他狂妄，他只好点了一条龙的眼睛。结果，顿时雷电大作，龙腾空飞去，只剩下那条未点睛的龙。

然奇技似无益于人，而百艺则有济于用。

【注释】

奇技：奇特的技能。百艺：人间的各种技艺。

【译文】

然而，奇巧的技能看起来对人用处不大，诸种普通技艺则有很大用处。

鸟 兽

麟为毛虫之长，虎乃兽中之王。

【注释】

毛虫：此处指兽类。详见《大戴礼记·曾子天圆》："毛虫之精者曰麟，羽虫之精者曰凤。"

【译文】

麒麟是兽类之长。老虎是百兽之王。

麟凤龟龙，谓之四灵；犬豕与鸡，谓之三物。

【注释】

四灵：详见《礼记·礼运》："何谓四灵？麟、凤、龟、龙谓之四灵。"孔颖达疏："以此四兽皆有神灵，异于他物，故谓之灵。"三物：《诗·小雅·何人斯》毛传："三物，豕、犬、鸡也。"

【译文】

麟、凤、龟、龙称之为四灵。狗、猪、鸡称之为三物。

骐骊骅骝,良马之号;太牢大武,乃牛之称。

【注释】

骐骊(lù ěr):良马的名字,周穆王的"八骏"之一。骅骝(huá liú):也是周穆王的"八骏"之一。太牢:古代祭祀,牛羊豕三牲称为太牢。也有专指牛为太牢的。大武:牛。详见《礼记·曲礼下》:"凡祭宗庙之礼,牛曰一元大武。"

【译文】

骐骊和骅骝是良马的名字。太牢和大武是对牛的称呼。

羊曰柔毛,又曰长髯主簿;豕名刚鬣,又曰乌喙将军。

【注释】

柔毛:古代祭祀所用的羊的别称。长髯主簿:羊的别称。刚鬣(liè):古代祭祀所用猪的专称。鬣,指长而硬的胡须。乌喙(huì)将军:猪的别称。

【译文】

羊别名叫柔毛,又叫长髯主簿。猪别名叫刚鬣,又叫乌喙将军。

鹅名舒雁,鸭号家凫。

【注释】

舒雁:详见《礼记·内则》:"舒雁翠,鹄鸮胖。"郑玄注:"舒雁,鹅也。"

【译文】

鹅的别名叫作舒雁,鸭的别名叫作家凫。

鸡有五德,故称之曰德禽;雁性随阳,因名之曰阳鸟。

【注释】

五德:比喻物的五种特征。详见《韩诗外传》卷二:"君独不见夫鸡乎? 首戴冠者,文也;足傅距者,武也;敌在前敢斗,勇也;得食相告,仁也;守夜不失时,信也。"随阳:跟着太阳运行,此处指候鸟依季节而决定行止。

【译文】

鸡有五德,所以被称为德禽。大雁喜阳,所以也叫作阳鸟。

家狸乌圆,乃猫之誉;韩卢楚犷,皆犬之名。

【注释】

乌圆:猫的别称。详见唐朝人段成式《酉阳杂俎续集·支动》:"猫一名蒙贵,一名乌员。"韩卢、楚犷:在古代,韩国之卢、楚国之犷、晋国之獒、宋国之鹊,都是良犬的名字。

【译文】

家狸和乌圆是猫的别称。韩卢和楚犷是名狗的名称。

麒麟驺虞,皆好仁之兽;螟螣蟊贼,皆害苗之虫。

【注释】

驺虞:详见《诗·召南·驺虞》毛传:"驺虞,义兽也。白虎,黑文,不食生物,有至信之德则应之。"螟螣(míng tè):螟,是螟蛾的幼虫,喜欢食苗心。螣,一种食苗叶的虫子。蟊(máo)贼:此处指食苗根的害虫。

【译文】

麒麟和驺虞是仁义之兽。螟、螣、蟊和贼是祸害禾苗之虫。

无肠公子,螃蟹之名;绿衣使者,鹦鹉之号。

【注释】

无肠公子:详见晋朝人葛洪《抱朴子·登涉》:"称无肠公子者,蟹也。"绿衣使者:唐明皇封鹦鹉为绿衣使者。

【译文】

无肠公子是螃蟹的名称。绿衣使者是鹦鹉的别称。

狐假虎威,谓借势而为恶;养虎贻患,谓留祸之在身。

【注释】

养虎贻患:详见《史记·项羽本纪》:"汉欲西归,张良、陈平说曰:'汉有天下太半,而诸侯皆附之。楚兵罢食尽,此天亡楚之时也,不如因其机而遂取之。今释弗击,此所谓养虎自遗患也。'汉王听之。"

【译文】

狐假虎威比喻借助别人的威势做坏事。养虎贻患比喻纵容敌人,给自己留下祸害。

犹豫多疑,喻人之不决;狼狈相倚,比人之颠连。

【注释】

狼狈:两种兽的名称。传说,狈是一种似狼的野兽。狼似犬,前两足长,后两足短。狈前两足短,后两足长。狼无狈不立,狈无狼不行,若相离则进退不得矣。颠连:指困苦不堪。

【译文】

犹豫多疑指人遇事不够果断。狼狈相倚比喻人生活没有依靠。

胜负未分,不知鹿死谁手;基业易主,正如燕入他家。

【注释】

鹿死谁手:用追逐野鹿比喻争夺政权,意思是说天下当为何人所得。燕入他家:详见刘禹锡《乌衣巷诗》:"旧时王谢堂前燕,飞入寻常百姓家。"东晋人王导、谢安等豪门贵族曾住乌衣巷,诗人在写这首诗时,早已物换星移。

【译文】

胜负未曾分晓时要说不知鹿死谁手。江山换了主,故燕又飞到了别人家。

雁到南方,先至为主,后至为宾;
雉名陈宝,得雄则王,得雌则霸。

【注释】

陈宝:古代传说中的神名。

【译文】

相传,大雁飞到南方时,中秋节前先到的是主人,中秋节后到的是宾客。雉又叫陈宝,得到雄雉的可以称王,得到雌雉的可以称霸。

刻鹄类鹜,为学初成;画虎类犬,弄巧反拙。

【注释】

刻鹄类鹜:比喻仿效得虽然不逼真,但还有几分相似。画虎类犬:比喻仿效失真,不伦不类。

【译文】

刻鹄像鹜用来形容学业初见成效。画虎类犬指模仿他人时弄巧成拙、不伦不类。

美恶不称,谓之狗尾续貂;贪图不足,谓之蛇欲吞象。

【注释】

狗尾续貂:比喻用坏的续上好的,前后极其不相称。蛇欲吞象:详见《山海经·海内南经》:"巴蛇食象,三岁而出其骨。"形容非常贪婪。

【译文】

前后美丑不相称称之为狗尾续貂。贪得无厌称之为蛇欲吞象。

祸去祸又至,曰前门拒虎,后门进狼;
除凶不畏凶,曰不入虎穴,焉得虎子。

前门拒虎,后门进狼:汉和帝时,外戚窦氏专权,汉和帝与宦官谋杀窦氏,但过分信任宦官,又导致宦官专权。后来用来比喻解决了一个困难,却同时带来另一个困难。不入虎穴,焉得虎子:详见《后汉书·班超传》:"超曰:'不入虎穴,不得虎子。当今之计,独有因夜以火攻虏,使彼不知我多少,必大震怖,可殄尽也。'"

【译文】

灾祸刚刚消除了又遭到了新灾祸,称之为"前门拒虎,后门进狼"。除掉凶恶,不能畏惧存在的凶险,称之为"不入虎穴,焉得虎子"。

鄙众趋利,曰群蚁附膻;谦己爱儿,曰老牛舐犊。

【注释】

群蚁附膻:详见《庄子·徐无鬼》:"羊肉不慕蚁,蚁慕羊肉,羊肉膻也。"老牛舐(shì)犊:《后汉书·杨彪传》:"子修(杨修)为曹操所杀,操见彪问曰:'公何瘦之甚?'对曰:'愧无日磾先见之明,犹怀老牛舐犊之爱。'"舐,舔。

【译文】

鄙视小人趋附财利时就说群蚁附膻。谦称自己疼爱儿子时要说老牛舐犊。

无中生有,曰画蛇添足;进退两难,曰羝羊触藩。

【注释】

画蛇添足:楚国有个官员赐酒给手下人,因为酒少不够分,所以大家决定谁先在地上画好一条蛇谁就可以喝酒。有个人先画好了,见其他人还没画好,就给画好的蛇添加了脚,此时另一个人画完了,拿起酒独自喝了。后比喻多此一举,弄巧成拙。羝(dī)羊触藩:本意是公羊的角钩在篱笆上。详见《易·大壮》:"羝羊触藩,不能退,不能遂。"

【译文】

无中生有称之为画蛇添足。进退两难称之为羝羊触藩。

杯中蛇影,自起猜疑;塞翁失马,难分祸福。

【注释】

杯中蛇影:比喻人疑神疑鬼,把不真实的事情当真,自己吓唬自己。塞翁失马:比喻一时受到损失,也许反而因此能得到好处;也指坏事在一定条件下可变为好事。

【译文】

杯中蛇影是自生猜疑,自己吓唬自己。塞翁失马是指是祸是福,还不好判定。

龙驹凤雏,晋闵鸿夸吴中陆士龙之异;
伏龙凤雏,司马徽称孔明庞士元之奇。

【注释】

龙驹凤雏:详见《晋书·陆云传》。伏龙凤雏:详见《三国志·蜀志·诸葛亮传》裴松之注引晋朝人习凿齿的《襄阳记》。

【译文】

龙驹凤雏是晋朝人闵鸿夸奖吴中陆云才干突出的话。伏龙凤雏是东汉人司马徽称赞诸葛亮和庞统有奇才的话。

吕后断戚夫人手足,号曰人彘;
胡人腌契丹王尸骸,谓之帝羓。

【注释】

人彘(zhì):刘邦宠幸戚夫人,等刘邦死,吕后令人砍断戚夫人的手足,挖去她的眼睛,灼烧她的耳朵,给她灌哑药,将她丢到厕所中,称之为人彘。彘,猪。帝羓(bā):辽太宗耶律德光死后,依照契丹旧俗,被制成了干尸,人称之为帝羓。羓,腌肉。

【译文】

吕雉砍断戚夫人的手足,称之为人彘。辽太宗耶律德光死后,依旧俗制成干尸,被称之为帝羓。

人之狠恶,同于梼杌;人之凶暴,类于穷奇。

【注释】

梼杌(táo wù):传说中凶兽的名字。详见《神异经·西荒经》:"西方荒中有兽焉,其状如虎而犬毛,长二尺,人面虎足,猪口牙,尾长一丈八尺,搅乱荒中,名梼杌,一名傲狠,一名难训。"穷奇:传说中的兽名。详见《山海经·西山经》:"邽山其上有兽焉,其状如牛,猬毛,名曰穷奇,音如獆狗,是食人。"

【译文】

狠毒的人就像古代传说中的梼杌一样凶。残暴的人就像古代传说中的穷奇一样猛。

王猛见桓温,扪虱而谈当世之务;
宁戚遇齐桓,扣角而取卿相之荣。

【注释】

扪虱而谈当世之务:详见《晋书·王猛传》。后来用扪虱而谈来形容人谈吐从容,无所畏惧。扣角而取卿相之荣:详见西汉人刘向的《新序·杂事五》。后来用扣角指代求仕。

【译文】

王猛去见桓温时,一边捉着身上的虱子,一边谈论时事。宁戚遇到齐桓公时,敲击牛角唱歌。齐桓公听到了,认为他是奇才,任命他为上卿。

楚王轼怒蛙,以昆虫之敢死;丙吉问牛喘,恐阴阳之失时。

丙吉问牛喘:汉朝丞相丙吉看到牛的异常,想起天气变化。后来以此赞扬官员关心百姓疾苦。

【译文】

春秋时,楚王讨伐吴国,在路上遇到一只鼓足气的青蛙,便扶着战车的横木向它致敬,说:"昆虫也有必死之心。"他以此鼓励军队的士气。汉朝宰相丙吉在郊外看见牛在喘气,忙问原因,恐怕阴阳失调,对农民非常关心。

以十人而制千虎,比言事之难胜;
驰韩卢而搏蹇兔,喻言敌之易摧。

【注释】

以十人而制千虎:详见《宋史·常爱民传》:"猛虎负嵎,莫之敢撄,而卒为人所胜者,人众而虎寡也。故以十人而制一虎则人胜,以一人而制十虎则虎胜,奈何以数十人而制千虎乎?"走韩卢而搏蹇兔:详见《战国策·秦策三》范雎语秦王:"以秦卒之勇、车骑之多以当诸侯,譬若驰韩卢而逐蹇兔也,霸王之业可致。"韩卢,古代良犬的名字,指代良犬。蹇兔,指跛足的兔子。

【译文】

让十个人去制服一千只老虎,形容事情难以办到。用良犬去搏击跛足的兔子,比喻敌人容易被摧垮。

兄弟如鹡鸰之相亲,夫妇如鸾凤之配偶。

【注释】

鹡鸰:详见《诗·小雅·常棣》:"脊令在原,兄弟急难。"脊令通鹡鸰,一种嘴细,尾巴和翅膀都很长的小鸟,只要一只鸟离群,其余的就都鸣叫起来,寻找同类。后来,人们就用鹡鸰在原比喻兄弟友爱之情。鸾凤:鸾鸟与凤凰相应鸣叫,声音和悦。借喻夫妻和美。

兄弟应该像鹡鸰一样相亲相爱。夫妇应该像鸾凤相应鸣叫一样和谐。

有势莫能为,曰虽鞭之长不及马腹;
制小不用大,曰割鸡之小焉用牛刀。

【注释】

虽鞭之长不及马腹:出自《左传·宣公十五年》。意思是鞭子虽长,但是不能打到马肚子上。比喻做事力所不能及。割鸡之小焉用牛刀:出自《论语·阳货》。比喻不必小题大做。

【译文】

有权不能用叫作虽鞭之长不及马腹。处理小事不用花大力气叫作割鸡之小焉用牛刀。

鸟食母者曰枭,兽食父者曰獍。

【注释】

枭(xiāo):一种类似猫头鹰一类的鸟。相传,枭吃它的母亲。獍(jìng):传说中的恶兽名,又叫破镜。

【译文】

鸟类中食其母的称之为枭。兽类中食其父的称之为獍。

苛政猛于虎,壮士气如虹。

【注释】

苛政:残酷压迫剥削老百姓的政策。

【译文】

严苛的政令,比老虎还令老百姓害怕。壮士的豪气如同天上的彩虹一样。

> 腰缠十万贯，骑鹤上扬州，谓仙人而兼富贵；
> 盲人骑瞎马，夜半临深池，是险语之逼人闻。

【注释】

腰缠十万贯，骑鹤上扬州：详见南朝·梁朝人殷芸的《小说》卷六。盲人骑瞎马，夜半临深池：详见南朝·宋朝人刘义庆的《世说新语·排调》。

【译文】

"腰缠十万贯，骑鹤上扬州"是说有人既想成仙又想富贵。"盲人骑瞎马，夜半临深池"是说处境险恶，遭人逼迫太甚。

> 黔驴之技，技止此耳；鼯鼠之技，技亦穷乎。

【注释】

黔驴之技：详见唐朝人柳宗元的《三戒·黔之驴》。鼯（wú）鼠之技：详见《荀子·劝学》。鼯鼠有五种技能：能飞却不能上屋，能攀却不能上树，能游却不能渡涧，能挖但不能藏身，能跑但不能超人。比喻人多能却没有一种技艺特别精通。

【译文】

黔驴之技比喻技艺和本事非常有限。鼯鼠之技比喻技术或者本事杂而不精。

> 强兼并者曰鲸吞，为小贼者曰狗盗。

【注释】

鲸吞：像鲸鱼一样吞食，通常指兼并。狗盗：伪装成狗进行偷盗。

【译文】

强行兼并的行为称之为鲸吞。小偷小摸的窃贼称之为狗盗。

养恶人如养虎,当饱其肉,不饱则噬;

养恶人如养鹰,饥之则附,饱之则飏。

【注释】

养恶人如养虎,当饱其肉,不饱则噬;养恶人如养鹰,饥之则附,饱之则飏:详见《三国志·魏书·张邈传》:"(吕)布因(陈)登求徐州牧,登还,布怒,拔戟斫几曰:'卿父劝吾协同曹公,绝婚公路(袁术,字公路)。今吾所求无一获,而卿父子并显重,为卿所卖耳。卿为吾言,其说云何?'登不为动容,徐喻之曰:'登见曹公言:待将军譬如养虎,当饱其肉,不饱则将噬人。公曰:不如卿言也。譬如养鹰,饥则为用,饱则飏去。'布意乃解。"飏(yáng),飞的意思。

【译文】

养恶人就如养虎,应让它吃饱肉,否则它就会吃人。养恶人又像养鹰,饿的时候它依附你,饱了后它便飞走了。

隋珠弹雀,谓得少而失多;投鼠忌器,恐因甲而害乙。

【注释】

隋珠弹雀:也作随珠弹雀,即用夜明珠去弹射鸟雀。详见《庄子·让王》:"今且有人于此,以随侯之珠,弹千仞之雀,世必笑之。是何也?则其所用者重,而所要者轻也。"投鼠忌器:详见西汉人贾谊的《治安策》:"里谚曰:'欲投鼠而忌器。'此善谕也。鼠近于器,尚惮不投,恐伤其器,况于贵臣之近主乎!"

【译文】

隋珠弹雀比喻办事得不偿失。投鼠忌器比喻做事有所顾忌。

事多曰猬集,利小曰蝇头。

【注释】

猬集:比喻棘手的事情繁多,像刺猬的硬刺那样聚在一起。蝇头:此处指微小的名利。

【译文】

棘手的事情太多称之为猬集。利益太小用蝇头来形容。

心惑似狐疑,人喜如雀跃。

【注释】

狐疑:狐狸生性多疑,每逢渡过冰河时,且听且渡。雀跃:像雀一样跳跃,表示欣喜之极。

【译文】

心有疑惑称之为狐疑。欣喜之极称之为雀跃。

爱屋及乌,谓因此而惜彼;轻鸡爱鹜,谓舍此而图他。

【注释】

爱屋及乌:指喜欢爱其人,进而爱及与之有关的人或物。详见《尚书大传》卷三。轻鸡爱鹜(wù):指贵远贱近。语出晋朝人何法盛的《晋中兴书》卷七。鹜,此处指野鸭。

【译文】

爱屋及乌指爱此而及彼,因为喜欢那间屋,连屋附近树上的乌鸦都喜欢。轻鸡爱鹜指舍此而取彼,轻视鸡,而去喜欢野鸭。

唆恶为非,曰教猱升木;受恩不报,曰得鱼忘筌。

【注释】

教猱(náo)升木:教猴子爬树。后来用于比喻教唆人作恶。得鱼忘筌(quán):捕到了鱼,忘掉了筌。比喻已达目的就忘其凭借。筌,指捕鱼用的竹器。

【译文】

唆使人去做坏事,称之为教猱升木。受人恩惠不去报答,称之为得鱼忘筌。

倚势害人,真是城狐社鼠;空存无用,何殊陶犬瓦鸡。

【注释】

城狐社鼠:城墙洞中的狐狸和社坛里的老鼠。比喻因有靠山为非作歹的人。陶犬瓦鸡:陶土做的狗,泥土塑的鸡。用来比喻徒具形式而无实用。

【译文】

倚仗权势害人称之为城狐社鼠。具有华丽的外表而毫无用处的东西称之为陶犬瓦鸡。

势弱难敌,谓之螳臂当辕;人生易死,乃曰蜉蝣在世。

【注释】

螳臂当辕:详见《庄子·人间世》。比喻人自不量力。蜉蝣(fú yóu)在世:比喻生命非常短暂。蜉蝣,一种虫,生存期极短,朝生夕死。

【译文】

势力微弱难以抵挡称之为螳臂当辕;人生短暂容易死亡称之为蜉蝣在世。

小难制大,如越鸡难伏鹄卵;贱反轻贵,似鸒鸠反笑大鹏。

【注释】

越鸡难伏鹄卵:详见《庄子·庚桑楚》:"越鸡不能伏鹄卵,鲁鸡固能矣。"越鸡指越地所产的鸡,形体较小。鹄卵,天鹅蛋,形体较大。鸒(xué)鸠反笑大鹏:指小人轻视高才。鸒鸠,指斑鸠。大鹏,传说中的一种大鸟。

【译文】

小的很难控制大的,就像越国产的小鸡难以孵化天鹅所产的蛋一样。

卷四

低贱的反而轻视高贵的,就像不能远飞的斑鸠反而讥笑翱翔九天的大鹏一样。

小人不知君子之心,曰燕雀焉知鸿鹄志;
君子不受小人之侮,曰虎豹岂受犬羊欺。

【注释】

鸿鹄:指天鹅。

【译文】

目光短浅者瞧不起志向远大者称之为燕雀焉知鸿鹄志。君子不受小人之辱称之为虎豹岂受犬羊欺。

跖犬吠尧,吠非其主;鸠居鹊巢,安享其成。

【注释】

跖(zhí)犬吠尧:比喻各为其主。跖,此处指盗跖。鸠居鹊巢:比喻强占他人之物。

【译文】

盗跖的狗对着尧吠叫,并不是尧不好,而是因为尧不是它的主人。鸠鸟不筑巢而占住在喜鹊的巢里,是在说心安理得地享受别人的劳动成果。

缘木求鱼,极言难得;按图索骥,甚言失真。

【注释】

缘木求鱼:指爬上树去捉鱼。比喻行动与目的相反,劳而无功。按图索骥:按照地图寻找良马。比喻做事拘泥成法,按照既定的老方法去做。

【译文】

缘木求鱼是说做事劳而无功。按图索骥是说做事太过拘泥,按照既定方法办事。

恶人借势,曰如虎负嵎;穷人无归,曰如鱼失水。

【注释】

负嵎:倚仗险要的地势。嵎:指山势曲折险峻处。

【译文】

恶人凭借他人的势力称之为如虎负嵎。穷人没有归宿称之为如鱼失水。

九尾狐,讥陈彭年素性谄而又奸;

独眼龙,夸李克用一目眇而有勇。

【注释】

九尾狐:借指喻奸诈善媚惑的人。详见宋朝人田况的《儒林公议》卷上:"陈彭年被章圣(宋真宗)深遇,时人目为九尾狐,言其非国祥而媚惑多歧也。"独眼龙:指一只眼睛失明的人。详见《旧五代史·唐书·武皇纪上》:"武皇(李克用)既收长安,军势甚雄,诸侯之师皆畏之。武皇一目微眇,故其时号为'独眼龙'。"眇(miǎo):一只眼睛失明。

【译文】

九尾狐是讽刺宋朝人陈彭年生性谄媚奸险。独龙眼是夸奖后唐李克用虽一目失明但作战勇敢。

指鹿为马,秦赵高之欺主;叱石成羊,黄初平之得仙。

【注释】

指鹿为马:详见《史记·秦始皇本纪》。比喻有意颠倒黑白,混淆是非。叱石成羊:详见《艺文类聚》卷九四引晋朝人葛洪的《神仙传》:"皇(或作"黄")初平牧羊,为一道士引至金华山石室中,四十余年未归。其兄初起寻访至山,问羊何在,答云:'在山东。'兄往视,但见白石,不见羊。平曰:'羊在耳,兄自不见。'平乃往,言:'叱!叱!羊起!'于是白石皆起成羊数万头。"

【译文】

指鹿为马说的是赵高专权欺主的故事。叱石成羊讲的是黄初平得授仙术的故事。

卞庄勇能刺两虎,高骈一矢贯双雕。

【注释】

高骈一矢贯双雕:详见《新唐书·高骈传》:"(高骈)事朱叔明为司马,有二雕并飞,骈曰:'我且贵,当中之。'一发贯二雕焉。"后来,一箭双雕比喻一举两得。

【译文】

卞庄勇猛,一人能抓获两只老虎。高骈善射,一箭能射中双雕。

司马懿畏蜀如虎,诸葛亮辅汉如龙。

【注释】

司马懿畏蜀如虎:详见《三国志·蜀书·诸葛亮传》裴注引《汉晋春秋》:"宣王(司马懿)不从,故寻亮。既至,又登山掘营,不肯战。贾栩、魏平数请战,因曰:'公畏蜀如虎,奈天下笑何。'"

【译文】

三国·魏国人司马懿惧怕蜀军如虎。诸葛亮鞠躬尽瘁辅助蜀国,如飞龙在天。

鹪鹩巢林,不过一枝;鼹鼠饮河,不过满腹。

【注释】

鹪鹩(jiāo liáo):一种鸟名。它形小,体长约三寸,羽毛赤褐色,略有黑褐色斑点。尾羽短,略向上翘,以昆虫为主要食物。详见《庄子·逍遥游》:"鹪鹩巢于深林,不过一枝。"鼹(yǎn)鼠:一种哺乳动物。体矮胖,毛黑褐色,嘴尖。详见《庄子·逍遥游》:"鼹鼠饮河,不过满腹。"

【译文】

鹪鹩在树上筑巢,不过占据一根树枝。鼹鼠渴饮河水,不过喝饱肚子而已。

人弃甚易,曰孤雏腐鼠;文名共仰,曰起凤腾蛟。

【注释】

孤雏腐鼠:孤独的鸟雏,腐烂的老鼠。比喻微贱得不足道的人或物。起凤腾蛟:蛟龙腾起,凤凰展翅高飞。用来比喻人才活跃,景象壮观。

【译文】

容易被人抛弃的东西,称之为孤雏腐鼠。文才名声为世人所敬仰,称之为起凤腾蛟。

为公乎,为私乎,惠帝问虾蟆;
欲左左,欲右右,汤德及禽兽。

【注释】

惠帝问虾蟆(má):详见北魏人郦道元《水经注·谷水》:"《晋中州记》曰:惠帝为太子,出闻虾蟆声,问人为是官虾蟆、私虾蟆。"虾蟆是青蛙和蟾蜍的统称。

【译文】

昏庸的晋惠帝听到虾蟆的叫声时,问左右的臣僚:它是官家的,还是私人的?贤明的商汤王网开三面,让罩住的鸟想左飞就左飞,想右飞就右飞,他的仁德都惠及到了鸟兽。

鱼游于釜中,虽生不久;燕巢于幕上,栖身不安。

【注释】

鱼游釜中:东汉顺帝时,有个叫张婴的人聚众杀了残暴的广陵太守、刺史以后造反。张纲负责征讨事,改过去镇压的手段为抚慰。张婴深受感动而投降。张婴说:"由于我不能忍受刺史和太守的残暴压榨而起义,我知道这样做后就像鱼在锅里游不能久活(若鱼游釜中,喘息须臾间耳)!"燕巢幕上:详见《左传·襄公二十九年》。比喻处境非常危险。

【译文】

鱼在锅中游水,虽活着但不会活得太长久。燕筑巢于帷幕上,虽能栖息但不安全。

妄自称奇,谓之辽东豕;其见甚小,譬如井底蛙。

【注释】

辽东豕:详见《后汉书·朱浮传》:"往时辽东有豕,生子白头,异而献之,行至河东,见群豕皆白,怀惭而还。"比喻人知识浅薄,少见多怪。井底蛙:详见《庄子·秋水》:"井蛙不可以语于海者,拘于虚也。"比喻人的见闻狭隘,目光短浅。

【译文】

妄自称奇是辽东豕这个典故讲的。目光狭隘是井底蛙这个成语的意思。

父恶子贤,谓是犁牛之子;父谦子拙,谓是豚犬之儿。

【注释】

犁牛之子:详见《论语·雍也》。豚犬之儿:谦称自己的儿子。详见《旧五代史·唐书·庄宗纪一》:"梁祖闻其败也,既惧而叹曰:'生子当如是,李氏不亡矣! 吾家诸子乃豚犬尔。'"

【译文】

父亲无才儿子贤能的,称儿子为犁牛之子。父亲谦称儿子笨拙的,称儿子为豚犬之子。

出人群而独异,如鹤立鸡群;非配偶以相从,如雉求牡匹。

鹤立鸡群:详见南朝·宋朝人刘义庆《世说新语·容止》:"有人语王戎曰:'嵇延祖(嵇绍,嵇康之子)卓卓如野鹤之在鸡群。'"比喻一个人的仪表或才能在周围一群人里显得很突出。雉求牡匹:雌雉鸟求雄走兽与它匹配。详见《诗·邶风·匏有苦叶》:"雉鸣求其牡。"飞禽曰雌雄,走兽曰牝牡。借喻淫乱、乱伦。

【译文】

一个人才能超群,与众不同,称之为鹤立鸡群。不是合适的配偶却互相跟随,称之为雉求牡匹。

天上石麟,夸小儿之迈众;人中骐骥,比君子之超凡。

【注释】

天上石麟:是对幼儿的美称。详见《陈书·徐陵传》:"时宝志上人者,世称其有道。陵年数岁,家人携以候之;宝志手摩其顶,曰:'天上石麒麟也。'"人中骐骥:详见《南史·徐勉传》:"此所谓人中骐骥,必能致千里。"这是族人赞叹徐勉的话。骐骥,骏马。

【译文】

天上石麟是夸奖小儿出众的话。人中骐骥是比喻人出类拔萃的词。

怡堂燕雀,不知后灾;瓮里醯鸡,安有广见。

【注释】

瓮里醯(xī)鸡:详见《庄子·田子方》:"孔子出,以告颜回曰:'丘之于道也,其犹醯鸡与!微夫子之发吾覆也,吾不知天地之大全也。'"醯鸡指酒瓮中生的一种小虫。后来用来比喻见闻狭隘的人。

【译文】

在厅堂安居的燕雀不知将有灾难来临。酒瓮中的醯鸡,哪里会有广博的见识呢?

马牛襟裾,骂人不识礼仪;沐猴而冠,笑人见不恢宏。

【注释】

马牛襟裾:穿衣服的马牛,讥笑人不明道理、不识礼仪。详见唐朝人韩愈的《符读书城南》诗:"人不通古今,马牛而襟裾。"沐猴而冠:猕猴戴帽。比喻外表虽装扮得很像样,但本质却掩盖不了。

【译文】

马牛襟裾用来骂人不知礼仪。沐猴而冠用来笑人见识有限、徒有仪表。

羊质虎皮,讥其有文无实;守株待兔,言其守拙无能。

【注释】

羊质虎皮:比喻人外强内弱,虚有其表。详见西汉人扬雄的《法言·吾子》:"羊质虎皮,见草而悦,见豺而战,忘其皮之虎也。"守株待兔:比喻死守狭隘经验,不知变通。详见《韩非子·五蠹》:"宋人有耕田者,田中有株,兔走,触柱折颈而死,因释其耒而守株,冀复得兔,兔不可复得,而身为宋国笑。"

【译文】

羊质虎皮用来讥笑虚有其表的人。守株待兔用来讽刺拘泥不化的人。

恶人如虎生翼,势必择人而食;
志士如鹰在笼,自是凌霄有志。

【注释】

如虎生翼:比喻增加新助力,使得强者愈强,恶者愈恶。如鹰在笼:比喻不得志,才能得不到发挥。

【译文】

如果恶人得到强助,就会像老虎长翅膀一样,选择人作为食物。有志向的人虽然受到束缚,但他的志气不会磨灭。

鲋鱼困涸辙,难待西江水,比人之甚窘;
蛟龙得云雨,终非池中物,比人大有为。

【注释】

蛟龙得云雨,终非池中物:蛟龙得到云和雨,就会飞腾上天,终究不会
待在池中。比喻有才能的人一旦遇到机会,就会充分施展才华。

【译文】

鲋鱼被困在干涸的车辙里,很难等到西江的水,这是比喻人处在困境
之中。蛟龙得到云雨,终究不是池中之物,是比喻有抱负的人总有一天能
够施展才华。

执牛耳谓人主盟;附骥尾望人引带。

【注释】

执牛耳:指主持盟会的人。古代诸侯会盟时,割牛耳,以敦盛血,用珠
盘盛牛耳。主盟者执盘,使与盟会者以血涂口,以示诚信不渝。附骥尾:
蚊蝇附在马的尾巴上,可以远行千里。比喻人依附先辈或名人而成名。

【译文】

古代主持盟会的人,称之为执牛耳。希望别人提携,称为附骥尾。

鸿雁哀鸣,比小民之失所;狡兔三窟,诮贪人之巧营。

【注释】

狡兔三窟:狡猾的兔子准备好几个藏身的窝。比喻隐蔽的地方或方
法多。

【译文】

鸿雁哀鸣用来比喻百姓流离失所。狡兔三窟用来讥诮人巧于经营。

风马牛势不相及,常山蛇首尾相应。

【注释】

风马牛势不相及:详见《左传·僖公四年》。后来用来比喻事物之间毫不相干。常山蛇首尾相应:详见《孙子·九地》:"故善用兵者,譬如率然。率然者,常山之蛇也。击其首则尾至,击其尾则首至,击其中则首尾俱至。"常山蛇是传说中一种能首尾互救的蛇。

【译文】

风马牛比喻事物之间毫不相干。常山蛇比喻受到攻击时能首尾呼应。

百足之虫,死而不僵,以其扶之者众;
千岁之龟,死而留甲,因其卜之则灵。

【注释】

百足之虫,死而不僵:比喻势力雄厚的集团或家族,虽然衰败了,但是影响依然存在。现在多用于贬义。百足,马炫的别名,大的名马陆。长约一寸,躯干共二十节,切断后头尾可自行离开。另一说法是蜈蚣。千岁之龟,死而留甲:古人认为龟是有灵性的动物,而且寿命很长。因此,龟死后,人们留下它的龟甲,好来占卜。

【译文】

百足之虫,死而不僵,是因为它有众多支撑者。千岁之龟,死而留甲,因为用龟甲来占卜十分灵验。

大丈夫宁为鸡口,毋为牛后;士君子岂甘雌伏,定要雄飞。

【注释】

宁为鸡口,毋为牛后:宁愿做小而洁的鸡嘴,也不愿做大而臭的牛肛门。比喻人宁可在小范围内自我做主,也不在大范围内受人制约。雌伏:屈居下位,无所作为。雄飞:奋发有为。

【译文】

鸡口虽小却能进食,牛后虽大却专供排泄,大丈夫宁为鸡口不做牛后。士君子应有大志,哪里能甘心屈居下位,无所作为,一定要奋发有为。

毋局促如辕下驹,毋委靡如牛马走。

【注释】

辕下驹:在车辕下不惯驾车的幼马。比喻人因为有所顾忌而显得拘束不安。驹指两岁的马,尚未成年的马。牛马走:像牛马一样供人驱使的人。常用作自谦之辞。

【译文】

不要像刚学驾车的小马驹那样局促不安,不要像常年给人做牛马的仆人那样萎靡不振。

猩猩能言不离走兽,鹦鹉能言不离飞鸟。

【注释】

猩猩能言不离走兽,鹦鹉能言不离飞鸟:详见《礼记·曲礼上》:"鹦鹉能言,不离飞鸟;猩猩能言,不离禽兽。"猩猩的声音像婴儿,传说它可以说人语。鹦鹉羽毛色泽鲜艳美丽,嘴大且短,经过训练可以仿效人说话。

【译文】

猩猩能言,不脱走兽之类属;鹦鹉能言,不离飞禽之本性。

人惟有礼,庶可免相鼠之刺;若徒能言,夫何异禽兽之心。

【注释】

人惟有礼:详见《诗经·国风·鄘风》:"相鼠有体,人而无礼。人而无礼,胡不遄死?"就是说老鼠都有皮、有齿、有体,人只有讲礼仪,才能避免不如老鼠。若徒能言,夫何异禽兽之心:详见《礼记·曲礼上》:"今人而无礼,虽能言,不亦禽兽之心乎?"

【译文】

人唯有懂得礼仪,才能免遭《相鼠》这一首诗内的讥刺,如果仅是会讲话而不懂得礼仪,那与禽兽又有什么区别呢?

花 木

植物非一,故有万卉之名;谷种甚多,故有百谷之号。

【注释】

万卉、百谷:百、万,这里都指众多的意思。

【译文】

植物并非只有一种,所以有万卉的说法。谷物的种类也有很多,所以有百谷之称。

如茨如梁,谓禾稼之蕃;惟夭惟乔,谓草木之茂。

【注释】

夭:茂盛的样子。乔:高耸的样子。

【译文】

如茨如梁用来形容庄稼又密又壮。惟夭惟乔用来形容草木丰茂。

莲乃花中君子,海棠花内神仙。

【译文】

莲花是花中君子。海棠是花中神仙。

国色天香,乃牡丹之富贵;冰肌玉骨,乃梅萼之清奇。

国色天香:本意指牡丹花香色不凡,后用来形容女子容貌姣好。冰肌玉骨:本意指梅花晶莹,后用来形容女子的体肤洁美。

【译文】

国色天香是说牡丹花富贵华丽。冰肌玉骨是形容梅花清秀俊奇。

兰为王者之香,菊同隐逸之士。

【注释】

兰为王者之香:详见孔子《猗兰操》:"兰为王者香。"

【译文】

兰花幽香飘逸,在所有花香中称王。菊花傲寒斗霜,像隐居的士人一样。

竹称君子,松号大夫。

【注释】

松号大夫:秦始皇二十八年封禅泰山时,风雨暴至,秦始皇在松树下避雨,因此树护驾有功,秦始皇按秦官爵封松树为五大夫。有人不知道五大夫为秦朝官职,误认为秦始皇封了五棵松树。

【译文】

明朝人王守仁说竹子有君子的品质。秦始皇曾在泰山封松树为五大夫。

萱草可忘忧,屈轶能指佞。

【注释】

萱草:俗称金针菜、黄花菜。古人认为种植此草可以使人忘记烦心事,因此称之为忘忧草。屈轶:古代传说中的一种草。古人认为这种草能指识佞人,称之为指佞草。

【译文】

萱草能使人忘记忧愁。屈轶能辨认出奸人。

赏筜,竹之别号;木樨,桂之别名。

【注释】

赏筜(yún dāng):一种大竹子。详见汉朝人杨孚的《异物志》:"赏筜生水边,长数丈,围一尺五六寸,一节相去六七尺,或相去一丈,庐陵(江西吉安)界有之。一种皮薄、节长而竿高的竹子。"樨:音 xī。木樨又称丹桂、箘桂、岩桂等,因木材纹理如犀,所以也称木犀。《本草纲目》"箘桂"条云:"丛生岩岭间,谓之岩桂,俗呼为木犀。其花有白者名银桂,黄者名金桂,红者名丹桂。有秋花者,春花者,四季花者,逐月花者。其皮薄而不辣,不堪入药。惟花可收茗、浸酒、盐渍,及作香搽、发泽之类耳。"

【译文】

赏筜是竹子的别称。木樨是桂树的别号。

明日黄花,过时之物;岁寒松柏,有节之称。

【注释】

明日黄花:原指重阳节过后逐渐萎谢的菊花,后多比喻过时的事物或消息。岁寒松柏:喻在逆境中能保持节操的人。

【译文】

菊花过了时令便萎谢了,故以明日黄花比喻过时的事物。松柏在严寒时依然苍翠,所以称有气节的人为岁寒松柏。

樗栎乃无用之散材,梗楠胜大用之良木。

【注释】

樗栎(chū lì):樗,即臭椿,其材粗硬,不耐水湿。栎,落叶乔木,木理斜曲,古代多用来做柴烧或者用来烧炭。用来指代不才之人。楩(pián)楠:也作楩枏、楩柟,黄楩木与楠木。楩是南方大木,质地坚密,建筑良材。楠是木材坚密芳香,贵重的建筑材料,也可供古时造船用。详见《淮南子·齐俗训》:"伐楩柟豫章而剖梨之,或为棺椁,或为柱梁。"借指栋梁之材。

【译文】

樗树和栎树,是没什么用处的木材。楩树和楠树是能派上大用的木材。

玉版,笋之异号;蹲鸱,芋之别名。

【注释】

蹲鸱(chī):鸱是猫头鹰的一种。鸱蹲着的时候,形状像芋头。人们后来用蹲鸱称呼芋头。

【译文】

玉版是笋的别号。蹲鸱为芋头的别名。

瓜田李下,事避嫌疑;秋菊春桃,时来尚早。

【注释】

瓜田李下:即"瓜田纳履,李下整冠"。意思是:经过瓜田时,不要弯腰提鞋子;走过李树下时,不要举手端正帽子,否则有被怀疑为盗窃的可能。秋菊春桃,时来尚早:详见《古诗》:"桃花二月放,菊花九月开。一般根在土,各自等时来。"

【译文】

瓜田李下是说做事情要避免嫌疑。桃花二月放,菊花九月开,这是说时间有早有迟。

南枝先,北枝后,庾岭之梅;朔而生,望而落,尧阶蓂荚。

【注释】

南枝先，北枝后，庾岭之梅：庾岭，即梅岭，位于江西和广东交界处。古时岭上多植梅。详见《六帖》："庾岭上梅花，南枝已落，北枝方开，寒暖之候异也。"荚(míng)荚：古代传说中的一种瑞草。每月从初一至十五，它每日结一荚；从十六至月终，它又每日落一荚。人们从荚数的多少就可以知道是某月中的哪一天。详见西晋人葛洪的《抱朴子·对俗》："唐尧观荚荚以知月。"

【译文】

庾岭的梅花，朝南的枝先开，朝北的枝后开，是因为南阳北阴，气候有差异的缘故。尧庭阶前的荚荚，初一后每日生一荚，十五后每日落一荚，这是尧阶前荚荚丛生的征验。

苾刍背阴向阳，比僧人之有德；
木槿朝开暮落，比荣华之不长。

【注释】

苾刍(bì chú)：原意指产自西域的一种香草，指代出家的佛弟子，为出家后受过具足戒的僧人的通称。唐玄奘《大唐西域记·僧诃补罗国》："大者谓苾刍，小者称沙弥。"苾刍有五性：一体性柔软，二引蔓旁布，三馨香远闻，四能疗疼痛，五不背日光。木槿：似李，落叶灌木，夏秋开花，朝开暮落。

【译文】

苾刍草背阴向阳，指代有德行的僧人。木槿花朝开暮落，比喻荣华不会长久。

芒刺在背，言恐惧不安；薰莸异气，犹贤否有别。

【注释】

芒刺在背：芒刺，指植物茎叶、果壳上的小刺。如同有芒刺扎在背上。

形容极度不安。薰莸(yóu):薰,香草;莸,臭草。

【译文】

芒刺在背是说心里极度恐惧不安。薰草香,莸草臭,二者气味绝不相同,不能同藏在一个器皿里,如同贤人与恶人的差别。

桃李不言,下自成蹊;道旁苦李,为人所弃。

【注释】

桃李不言,下自成蹊:桃李有芬芳的花朵、甜美的果实,虽然不会说话,但仍然能吸引许多人到树下赏花尝果,以至于树下走出一条小路出来。比喻一个人做了好事,不用张扬,人们就会记住他;只要能做到身教重于言教,为人诚恳、真挚,就会深得人心;只要真诚、忠实,就能感动别人;为人诚挚,自会有强烈的感召力而深得人心。道旁苦李,为人所弃:比喻庸才,无用之才。详见《晋书·王戎传》:"又尝与群儿嬉于道侧,见李树多实,等辈竞趣之,戎独不往。或问其故,其曰:'树在道边而多子,必苦李也。'取之信然。"

【译文】

桃李虽然不会说话,人们喜爱它们的花与果实,树下自然踩成小路。若是苦李,即使生在路旁,也会为人所摒弃。

老人娶少妇,曰枯杨生稊;国家进多贤,曰拔茅连茹。

【注释】

枯杨生稊(tí):枯老的杨树复生嫩芽。稊,同荑,植物的嫩芽。比喻老夫娶少妻。拔茅连茹:茅,白茅,一种多年生的草。茹,植物根部互相牵连的样子。比喻递相推荐引进。

【译文】

老人娶少妇称之为枯杨生稊。国家任用贤士很多称之为拔茅连茹。

蒲柳之姿,未秋先槁;姜桂之性,愈老愈辛。

【注释】

蒲柳：即水杨，枝叶易凋。用来自喻体质衰弱的客套之辞，也用来暗喻韶华易逝、容颜易老。详见南朝·宋朝人刘义庆的《世说新语·言语》："顾悦与简文同年而发蚤白。简文曰：'卿何以先白？'对曰：'蒲柳之姿，望秋而落；松柏之质，经霜弥茂。'"姜桂：生姜和肉桂，其性愈久愈辣。比喻人到老来性格更加刚强。详见《宋史·晏敦复传》："况吾姜桂之性，到老愈辣。"

【译文】

蒲柳的姿容，没到秋天就已枯槁。姜桂的性质是愈老味道愈辣。

王者之兵，势如破竹；七雄之国，地若瓜分。

【注释】

势如破竹：详见《晋书·杜预传》："今兵威已振，譬如破竹，数节之后，皆迎刃而解。"比喻作战或工作节节胜利，毫无阻碍。七雄：指战国时的齐国、楚国、燕国、韩国、赵国、魏国、秦国。

【译文】

帝王之师摧敌势如破竹。战国时期，天下被七雄所瓜分。

苻坚望阵，疑草木皆是晋兵；索靖知亡，叹铜驼会在荆棘。

【注释】

铜驼荆棘：形容国土沦陷后残破的景象。详见《晋书·索靖传》："靖有先识远量，知天下将乱，指洛阳宫门铜驼，叹曰：'会见汝在荆棘中耳。'"铜驼，铜铸的骆驼，多置于宫门寝殿之前。

【译文】

前秦王苻坚在淝水打了败仗，远望草木在风中晃动，就怀疑是晋兵。晋朝关内侯索靖预测晋朝将亡，指着洛阳宫殿前的铜驼，叹息说："日后恐怕要在荆棘丛中见到你了。"

王祐知子必贵,手植三槐;窦钧五子齐荣,人称五桂。

【注释】

三槐:详见《宋史·王旦传》:"祐手植三槐于庭曰:'吾之后世,必有为三公者。'"果然,宋真宗时期,他儿子王旦当上了宰相。五桂:旧称进士登第为折桂。五桂,对亲族五人相继登科的美称。事见《宋史·窦仪传》。五代时,窦禹钧有五个儿子,聪颖早慧,文行并优,均先后得中进士。好友冯道曾赠诗赞曰:"燕山窦十郎,教子有义方。灵椿一枝老,丹桂五枝芳。"时人赞为燕山五桂,又称燕山五龙。

【译文】

宋朝人王祐知道儿子将位至三公,就在庭前栽了三棵槐树。五代·后周人窦禹钧的五个儿子都考中了进士,人称燕山五桂。

钽麑触槐,不忍贼民之主;越王尝蓼,必欲复吴之仇。

【注释】

钽麑(chú ní):春秋时,晋国大力士。《左传·宣公二年》记载,晋灵公贪图享乐,残虐不君,受到正直的佐政大夫赵盾多次劝谏,因此晋灵公感到非常腻味,就派遣武艺高强的钽麑去刺杀赵盾。一天黎明前,钽麑潜入了赵盾家的大院,摸到了赵盾的房间,发现门已经大开了。原来赵盾勤于国事,已经盛服准备上朝,因为时间还早,就坐着闭目养神,嘴里还喃喃念着劝君的话。赵盾的勤勉和正直感动了钽麑,钽麑是个有正义感的晋国人,实在下不了手杀害赵盾,便又退了出来。之后,钽麑为难地在门外叹而言曰:"不忘恭敬,民之主也。贼民之主,不忠。弃君之命,不信。有一于此,不如死也。"便一头碰死在门口的槐树下。蓼:一年生或多年生草本。味辛,又名辛菜。

【译文】

春秋时,有个刺客叫钽麑,荒淫无道的晋灵公派他去刺杀贤大夫赵盾,钽麑不忍行刺,撞到槐树上自杀了。春秋时,越王勾践败于吴国,他睡柴薪、吃苦蓼,以示不忘国耻,立志向吴复仇。

181

修母画荻以教子,谁不称贤;廉颇负荆以请罪,善能悔过。

【注释】

画荻(dí)以教子:宋朝人欧阳修四岁时成为孤儿。因为家贫,他母亲郑氏用荻管画地写字,教他读书识字。荻,与芦苇同类。负荆以请罪:负,背着。荆,荆条。请罪,自己犯了错误,主动请求处罚让对方原谅。背着荆条向对方请罪。形容主动向人认错、道歉,给自己严厉责罚。

【译文】

欧阳修的母亲以荻(芦苇)秆当笔,教子读书写字,谁不称赞她是个贤德的母亲?廉颇背负荆条向蔺相如请罪,知错能改,后来二人遂成为刎颈之交。

弥子瑕常恃宠,将余桃以啖君;
秦商鞅欲行令,使徙木以立信。

【注释】

弥子瑕常恃宠,将余桃以啖君:详见《韩非子·说难》:"弥子名瑕,卫之嬖(bì,四声)大夫也。昔者弥子瑕有宠于卫君。卫国之法:窃驾君车者刖。弥子瑕母病,人间往夜告弥子,弥子矫驾君车以出。君闻而贤之,曰:'孝哉!为母之故,亡其刖罪。'异日,与君游于果园,食桃而甘,不尽,以其半啖君。君曰:'爱我哉!亡其口味以啖寡人。'及弥子色衰爱弛,得罪于君,君曰:'是固尝矫驾吾车,又尝啖我以馀桃。'"秦商鞅欲行令,使徙木以立信:详见《史记·商君列传》:"孝公既用卫鞅,鞅欲变法,恐天下议己。令既具,未布,恐民之不信,已乃立三丈之木于国都市南门,募民有能徙置北门者予十金。民怪之,莫敢徙。复曰:'能徙者予五十金。'有一人徙之,辄予五十金,以明不欺。卒下令。"

【译文】

春秋时,卫国弥子瑕依仗卫灵公的宠爱,把咬过的桃子给卫灵公吃。秦国的商鞅为推行变法,让人搬木头而给赏金,以建立威信。

王戎卖李钻核,不胜鄙吝;成王剪桐封弟,因无戏言。

【注释】

卖李钻核:详见《晋书·王戎传》:"家有好李,常出货之,恐人得种,恒钻其核,以此获讥于世。"剪桐封弟:详见《史记·晋世家》:"武王崩,成王立,唐有乱,周公诛灭唐。成王与叔虞戏,削桐叶为珪以予叔虞,曰:'以此封若。'史佚因请择日立叔虞。成王曰:'吾与之戏耳。'史佚曰:'天子无戏言。言则史书之,礼成之,乐歌之。'于是遂封叔虞于唐。唐在河、汾之东,方百里,故曰唐叔虞。"

【译文】

晋朝人王戎卖李子之前,先在李核上钻洞,防止他人得到种子。这种做法实在卑鄙吝啬。周成王将桐树叶剪成珪形封给弟弟叔虞,周公说君无戏言,最后真的把叔虞封在尧帝的故墟为唐侯。

齐景公以二桃杀三士,杨再思谓莲花似六郎。

【注释】

二桃杀三士:春秋时,公孙接、田开疆和古冶子侍奉齐景公,都以勇力闻名。齐相晏婴谋划要除掉他们,就请齐景公赐两个桃子给三个人,谁觉得自己的功劳大就谁吃。结果,三人弃桃而自杀。莲花似六郎:唐朝人杨再思称赞张宗昌美貌时说的话。详见《旧唐书·杨再思传》。张昌宗排行老六,所以称他为六郎。

【译文】

二桃杀三士是讲春秋时齐景公设计杀掉手下三个勇士的故事。莲花似六郎是唐朝武后的内史杨再思献媚宠臣张宗昌说的话。

倒啖蔗,渐入佳境;蒸哀梨,大失本真。

【注释】

倒啖蔗,渐入佳境:原指甘蔗下端比上端甜,从上到下,越吃越甜,后比喻境况逐渐好转或兴趣逐渐浓厚。详见《晋书·顾恺之传》："恺之每食甘蔗,恒自尾至本,人或怪之。云:'渐入佳境。'"蒸哀梨,大失本真:哀梨,哀家梨,相传汉朝秣陵哀仲家种梨,实大而味美,时人称为"哀家梨"。详见南朝·宋朝人刘义庆的《世说新语·轻诋》:"桓南郡每见人不快,辄嗔云:'君得哀家梨,当复不烝食不?'"刘孝标注:"旧语:秣陵有哀仲家梨甚美,大如升,入口消释。"哀家梨,比喻秀丽山水、优美文辞或美好事物。

【译文】

甘蔗的味道是根甜于梢,如果从梢部吃到根部,会越吃越甜,渐渐进入佳境。汉朝金陵哀仲家种的梨脆甜,吃到嘴里都化了。但把哀家梨拿来一蒸,便失去了本来的美味。

煮豆燃萁,比兄残弟;砍竹遮笋,弃旧怜新。

【注释】

煮豆燃萁:详见《世说新语·文学》:"文帝尝令东阿王七步作诗,不成者行大法。应声便为诗曰:'煮豆持作羹,漉菽以为汁,萁在釜下燃,豆在釜中泣,本自同根生,相煎何太急?'帝深有惭色。"后来用来比喻兄弟相互残害。破竹遮笋:用旧竹子遮盖新笋。

【译文】

煮豆燃萁比喻哥哥残害弟弟。砍竹遮笋比喻人弃旧怜新。

元素致江陵之柑,吴刚伐月中之桂。

【注释】

元素致江陵之柑:详见《述异记》。董元素,唐朝人,生卒年不详,传说会法术。一日夜间,唐宣宗要他弄来江南的柑橘,董元素放了一个盒子在御榻前,一会儿,有微风吹入,董元素打开盒子,里面装满了江陵产的柑橘。吴刚伐月中之桂:详见《酉阳杂俎·神话传说》:"旧言月中有桂,有蟾蜍,故异书言桂高五百丈,下有一人常斫之,树创随合。人姓吴名刚,西河人,学仙有过,谪令伐树。"

唐朝人董元素有仙术,能把江陵的柑橘搬至长安的宫殿中。传说,吴刚被玉帝惩罚,在月宫砍伐桂树,树高五百丈,随砍随合,永远也砍不断。

捐资济贫,当效尧夫之助麦;以物申敬,聊效野人之献芹。

【注释】

以物申敬,聊效野人之献芹:据《列子·杨朱》记载,从前有个人在乡里的豪绅前大肆吹嘘芹菜如何好吃,豪绅尝过之后,却"蛰于口,惨于腹"。后来用献芹谦称赠人的礼品菲薄或所提的建议浅陋。

【译文】

捐资救济穷人,应当效仿宋相范仲淹的儿子范尧夫把收租得来的一船麦子都送给了处于困境的石延年,助他北归葬父。送东西给别人以表示敬意,就说是仿效山野之民献芹。

冒雨剪韭,郭林宗款友情殷;踏雪寻梅,孟浩然自娱兴雅。

【注释】

踏雪寻梅:形容文人雅士赏爱风景苦心作诗的情致。传说,孟浩然曾骑驴踏雪寻梅,曰:"吾诗思正在风雪中驴子背上。"

【译文】

东汉名士郭林宗殷切款待友人范逵,夜里亲自冒雨去菜园割韭菜,热情款待。孟浩然诗怀旷达,踏雪寻梅自我娱乐,雅兴不凡。

商太戊能修德,祥桑自死;寇莱公有深仁,枯竹复生。

【注释】

祥桑:详见《史记·殷本纪》:"帝雍己崩,弟太戊立,是为帝太戊。帝太戊立伊陟为相。亳(商汤都城)有祥桑谷(两种树)共生于朝,一暮大拱(合抱)。帝太戊惧,问伊陟。伊陟曰:'臣闻妖不胜德,帝之政其有阙与?

帝其修德。'太戊从之，而祥桑枯死而去。"祥桑，妖桑，不吉祥的桑树。寇莱公有深仁，枯竹复生：详见宋朝人江少虞的《事实类苑》："寇莱公贬雷州司户参军，道出公安，断竹插于神祠之前，祝曰：'准之心若有负朝廷，此竹必不生。若不负国家，此枯竹当再生。'其竹果生。"

【译文】

商王太戊初立时，宫中有一棵桑树一夜间长到两人合围那么粗。宰相伊陟说："恐怕是君主施政有误。"后来，太戊努力修行德政，桑树自己枯死了。寇准仁德深厚，插下的枯竹复生枝叶。

王母蟠桃，三千年开花，三千年结子，故人借以祝寿诞；
上古大椿，八千岁为春，八千岁为秋，故人托以比严君。

【注释】

王母蟠桃，三千年开花：详见《汉武故事》："武帝生日，有一青鸟集于殿前，上问东方朔：'此何鸟?'对曰：'此名青鸟，西王母所蓄。预来传信，王母将至矣。'少时，王母果至，以玉盘捧桃七枚。王母自啖二枚，以五枚与帝。帝欲留核种之，王母曰：'此桃三千年开花，三千年结子，非下土所植。'"传说汉武帝刘彻的生日是七月七，王母此日曾降汉宫。大椿：古寓言中的木名，以一万六千岁为一年。

【译文】

王母娘娘的蟠桃树三千年开花，三千年结果，因此人们常借蟠桃来庆贺别人的寿诞。上古时，有棵大椿树八千年为一春，八千年为一秋，因此人们常借它来比喻自己父亲长寿。

去稂莠正以植嘉禾，沃枝叶不如培根本。

【注释】

稂莠：此处指对禾苗有害的杂草。详见汉朝人王符的《潜夫论·述赦》："夫养稂莠者伤禾稼，惠奸宄者贼良民。"沃枝叶不如培根本：详见

《旧唐书·李大亮传》：李大亮对太宗准备安置突厥贵族在京畿之地，赐高官厚禄的政策有异议，于是上表说："臣闻欲绥远者，必先安近。中国百姓，天下根本；四夷之人，犹于枝叶。扰于根本，以厚枝附，而求久安，未之有也。"他还说河西边地生产萧条，百姓生活困苦，户口减少。如果未来安抚胡人，让他们劳役，是不利的。唐太宗采纳了他的意见。唐太宗也说过："中国百姓，实天下之根本，四夷之人，乃同枝叶，扰其根本以厚枝叶，而求久安，未之有也。初不纳魏徵言，遂觉劳费日甚，几失久安之道。"

【译文】

稂和莠都是形状像禾苗、妨害禾苗生长的杂草，除去稂莠正是为了培植好的禾苗。植物以根为本，润泽枝叶不如培育根本。

世路之蓁芜当剔，人心之茅塞须开。

【注释】

蓁(zhēn)芜：杂草丛生。茅塞：详见《孟子·尽心下》："山径之蹊间，介然用之而成路；为间不用，则茅塞之矣。今茅塞子之心矣！"

【译文】

社会上的恶人好比路上的杂草，应当剔除干净。世人愚昧无知如同茅草塞住心灵，必须使它通畅才好。